Viele Legenden ranken sich um die 14 Nothelfer: Georg kämpft mit dem roten Drachen, Christophorus trägt Reisende durch Sturm und Flut, Margarete führt ein Ungeheuer an der Leine spazieren. Immer wieder werden aber auch die Verletzungen und Wunden dieser Männer und Frauen beleuchtet – in Bildern, die unter die Haut gehen.

Anselm Grün entschlüsselt die Botschaft dieser Bilder. Damit zeigt er, dass wir mit unserer Angst, unserem Kummer oder Schmerzen nicht allein sind und wie Leid geheilt werden kann.

»Wenn wir uns mit unseren Wunden aussöhnen, werden sie zu einer Quelle fruchtbaren Lebens für uns selbst und für die Menschen um uns herum. Da schmilzt das Eis unserer kalten Herzen und das Leben Gottes blüht auf.«

Anselm Grün

Anselm Grün, geboren 1945, ist Benediktinermönch und Autor zahlreicher Bestseller. Der Cellerar der Abtei Münsterschwarzach wird von vielen als geistlicher Berater geschätzt und gehört zu den meistgelesenen christlichen Gegenwartsautoren.

Anselm Grün

Wunden zu Perlen verwandeln

Die 14 Nothelfer als Ikonen der Heilung

Deutscher Taschenbuch Verlag

Von Anselm Grün sind im
Deutschen Taschenbuch Verlag u. a. erschienen:
Menschen führen – Leben wecken (34277)
Ich wünsch dir einen Freund (34441)
Du bist ein Segen (34474)
Leben und Beruf (34534)
Königin und wilde Frau (34585)
Die hohe Kunst des Älterwerdens (34624)
Kämpfen und lieben (34638)
Trau deiner Kraft (34664)

Ausführliche Informationen über
unsere Autoren und Bücher
finden Sie auf unserer Website
www.dtv.de

Ungekürzte Ausgabe 2011
Deutscher Taschenbuch Verlag GmbH & Co. KG, München
© 2005 Vier-Türme GmbH, Verlag, 97359 Münsterschwarzach Abtei
Alle Rechte vorbehalten.
Umschlagkonzept: Balk & Brumshagen
Umschlagfoto: gettyimages/photoaraki.com
Satz: Greiner & Reichel, Köln
Druck und Bindung: Druckerei C. H. Beck, Nördlingen
Gedruckt auf säurefreiem, chlorfrei gebleichtem Papier
Printed in Germany · ISBN 978-3-423-34713-6

INHALT

EINLEITUNG

Für die hl. Hildegard von Bingen war es eine der wichtigsten Fragen des spirituellen Wachsens, wie Wunden zu Perlen verwandelt werden können. An dieser Frage entscheidet es sich, ob unsere Menschwerdung gelingt oder nicht. Denn jeder von uns wird in seinem Leben verletzt. Daran können wir nichts ändern. Aber es liegt an uns, wie wir mit unseren Wunden umgehen, ob wir uns selbst bemitleiden und im Selbstmitleid stecken bleiben, ob wir die Wunden verdrängen und unterdrücken, ob wir unsere Wunden als Entschuldigung sehen, den Anforderungen des Lebens auszuweichen, oder ob wir unser Leben lang anderen die Schuld für die eigenen Probleme zuschieben.

Unser Leben wird nur dann fruchtbar werden, wenn wir unsere Wunden anschauen, sie nochmals durchleiden und durcharbeiten. Dieses Durcharbeiten kann in der Therapie oder in der geistlichen Begleitung geschehen. Es kann aber auch in meiner Beziehung zu Gott geschehen. Ich kann meine Wunden Gott hinhalten, sie vor Gott anschauen und im Gebet zur Sprache bringen, damit sie vor Gott und durch Gottes heilenden Geist allmählich verwandelt werden. Verwandlung der Wunden meint, dass unsere Wunden sein dürfen, dass wir sie nicht verdrängen oder zudecken müssen, sondern dass wir sie offen mit uns tragen, aber nicht als eiternde Wunden, sondern als einen kostbaren Schatz, als Perlen, die unser Leben wertvoll machen. Wenn ich mich vor Gott mit meiner Wunde ausgesöhnt und ihre Verwandlung erfahren habe, dann spüre ich, dass sie mich lebendig hält, dass sie für mich und für andere zur Quelle des Segens werden und für viele Frucht bringen kann.

Die Verehrung der 14 Nothelfer war für unzählige Menschen über die Jahrhunderte hinweg ein guter und hilfreicher Weg, ihre Wunden in Perlen zu verwandeln. In den Heiligen-Gestalten hat das Volk seine Wunden angeschaut und sie im Gebet vor Gott gebracht. Die Nothelfer waren für die Gläubigen Ikonen der Heilung. Man ist zu ihren Wallfahrtsorten gepilgert und hat dabei seine ganz persönlichen Anliegen und Verletzungen mitgebracht. In den Legenden der Nothelfer haben die Menschen sich selbst und ihre eigenen Wunden wiedererkannt. Die Nothelfer gaben ihnen den Mut, sich den Verletzungen zu stellen. Ihre Beschäftigung mit den Legenden vermittelte die Botschaft, dass Krankheiten und aussichtslose Situationen, dass Zwänge und Ängste zum Leben gehören und sein dürfen.

Und doch gab es einen Ort, an den sich die Menschen wenden konnten. Sich zu einem Wallfahrtsort auf den Weg zu machen ist schon ein erster Schritt auf dem Weg zur Heilung. Ich bleibe nicht bei meiner Wunde stehen. Ich setze mich in Bewegung. Ich gehe mit meiner Verletzung zu einem Ort, an dem ich mich aufgehoben fühle und angenommen weiß, an dem ich meine Wunden Gott hinhalten kann. Die Wallfahrtsorte waren für die Gläubigen des Mittelalters wie ein therapeutischer Raum, in dem sie die Heilung von ihrer Krankheit erhofften und oft genug auch erfahren durften.

Die Tradition der Wallfahrtsorte ist uralt und allen Kulturen und Religionen gemeinsam. Bei den Griechen pilgerte man zu den Orakelstätten Delphi und Epidauros. Dort schlief man im Tempel, im heiligen Bezirk, und erwartete vom Tempelschlaf heilende Träume. Der heilige Raum des Tempels war auch ein heilender Raum für die Menschen. Diese

Tradition übernahm das Christentum. Es ersetzte die alten Wallfahrtsorte durch Kirchen zu Ehren heiliger Märtyrer, die den Tod überwunden hatten. An diesen Orten erhoffte man Heilung seiner Krankheiten. Im Mittelalter bildete sich die Heiligengruppe der 14 Nothelfer heraus, die 14 verschiedene Nöte der Menschen zum Ausdruck brachten. Es sind archetypische Nöte, die es zu jeder Zeit gibt. Daher sind die 14 Nothelfer auch heute noch für viele Hoffnungsbilder von Heilung. Der Blick auf ihre Bilder, in denen ihre Legenden in Symbolen dargestellt werden, vermittelt uns, dass wir ohne Angst und auch ohne Schuldgefühle die eigene Krankheit anschauen dürfen.

Heute gibt es die Gefahr, dass wir uns für jede Krankheit verantwortlich fühlen. In esoterischen Strömungen vermitteln manche Lehrer, dass sich jeder seine Krankheit selber schaffe. Das ist für viele eine verletzende Aussage. Die Aussage der Nothelfer ist da wesentlich hilfreicher. Ich soll nicht nach den Ursachen meiner Krankheit fragen, sondern nach Bildern suchen, in denen ich meine Wunden erkenne und Wege zu ihrer Heilung finde. Indem ich auf die 14 Nothelfer als Ikonen der Heilung schaue, wächst in mir die Hoffnung, dass Gott auch meine Wunden zu heilen vermag.

Bei der Verehrung der 14 Nothelfer ragt in unserer Zeit die berühmte Wallfahrtskirche Vierzehnheiligen hervor. Es ist ein wunderbares Kunstwerk, das Balthasar Neumann hier geschaffen hat. Diese Kirche zieht nicht nur Kunstliebhaber an, sondern nach wie vor viele fromme Pilger. Der Legende nach sind die 14 Nothelfer im Jahre 1445 an diesem Ort einem Schäfer des Klosters Langheim in Oberfranken erschienen. Alle Bilder der Nothelfer-Statuen in diesem Band stammen aus der Kirche Vierzehnheiligen.

Die Verehrung der 14 Nothelfer verbreitete sich gerade in Zeiten, in denen vielfache Nöte die Menschen heimsuchten, in Zeiten, da Pest die Bevölkerung dahinraffte, da Kriege und Raubzüge das Leben unsicher machten. Die 14 Nothelfer stärkten das Vertrauen der Menschen in den Gott, der ihre Not wenden kann. Dabei waren die Legenden und Bilder der 14 Nothelfer eine Konkretisierung des Glaubens an Gott als den wahren Arzt unseres Lebens. Das Volk hat nicht nur zu Gott gebetet, dass er die vielfältigen Nöte und Wunden wenden und heilen möge, sondern es hat im Bild der Heiligen die eigenen Wunden angeschaut und sie Gott hingehalten. Und es hat in den Legenden und in den Attributen, die die Kunst den Heiligen zugeordnet hat, Bilder für die Heilung und Verwandlung seiner Wunden erkannt und meditiert.

In den Heiligen verehrt die Volksfrömmigkeit immer Gott selbst, der durch das vielfältige Prisma der Menschen etwas von seinem Heilswirken sichtbar werden lässt. So feiern wir in den 14 Nothelfern letztlich Gott, der uns in unserer Not seine Hilfe anbietet, der unsere Wunden heilt und uns in den Verstrickungen unseres Lebens Vertrauen und Hoffnung auf das Gelingen unseres Weges schenkt. Die Legenden beschreiben die wichtigsten Verletzungen, die uns treffen können. Aber sie zeigen zugleich auch Wege auf, wie diese Verletzungen geheilt werden können. Dabei sehen sie immer Gott als den eigentlichen Arzt für unsere Wunden.

In den Nothelfern werden aber nicht nur die wichtigsten Wunden beschrieben, die uns quälen können, sondern auch Wege von gelungener Menschwerdung aufgezeigt. Die Legenden erzählen ähnlich wie manche Märchen, wie der Weg der Selbstwerdung gehen kann, welche Prozesse wir auf dem Weg unserer Menschwerdung durchmachen müssen. Es werden die typischen Themen behandelt, die jedem begegnen, der sich auf den Weg der Selbstwerdung gemacht hat, etwa das Thema der Schattenbewältigung, der Integration von anima und animus, der

Ablösung von Vater und Mutter, der verschiedenen Schwellen, die wir zu überschreiten haben, um auf unserem inneren Weg weiterzukommen, und das Thema des Todes und der Todesangst, der wir uns stellen müssen, um wahrhaft Mensch zu werden.

Es ist eine bildhafte Psychologie, die die Volksfrömmigkeit in den 14 Nothelfern entwickelt hat. Geschichten zu erzählen war ja die frühe Form der Psychologie. Indem das Volk sich Legenden erzählte, drückte es seinen Glauben aus, dass Gott sich jeder Wunde zuwenden und sie heilen wird, wenn wir uns an ihn wenden. Mögen uns manche Geschichten allzu wundersam erscheinen, entscheidend ist, dass wir ihre Bildhaftigkeit erkennen und den verborgenen Sinn in den Bildern. Dann werden wir spüren, wie viel Weisheit in diesen Legenden verborgen ist. Die Kunst hat den Heiligen archetypische Symbole und Attribute zugesellt, in denen sie den Weg der Heilung und Verwandlung unserer Wunden dargestellt hat. In diesen Attributen haben die Künstler die Legenden gedeutet und als Wege der Heilung und der Menschwerdung ausgelegt. Die Bilder der Kunst sprechen unser Unbewusstes an. Es sind archetypische Bilder, die eine Bewegung in uns auslösen und Heilung nicht nur anzeigen, sondern auch bewirken. In diesem Sinn möchte ich gemeinsam mit Ihnen die Bilder und Legenden der 14 Nothelfer anschauen und meditieren, sodass sie in mir und in Ihnen ihre heilende Wirkung entfalten können.

DER HEILIGE ACHATIUS
Ein Engel bei Todesangst

Nach der Legende war Achatius Anführer eines Heeres von zehntausend
Soldaten, das Kaiser Hadrian ausgesandt
hatte, um die Aufständischen in Armenien
zu unterwerfen. Doch diese traten ihnen mit zehn-
facher Übermacht entgegen. Als alle Soldaten Angst
bekamen und fliehen wollten, erschien dem Achatius ein Engel des Herrn, der ihm verkündete, er
würde mit seinen Soldaten siegen, wenn sich alle
zum Christentum bekehren würden. Das taten sie,
und so besiegten sie mit Gottes Hilfe den Feind. Der
Himmel öffnete sich über ihnen, und sieben Engel
stiegen zu ihnen herab und redeten ihnen Mut zu.
Sie würden sie begleiten und über sie wachen.

Als Kaiser Hadrian hörte, dass sie zum Christentum übergetreten waren, schickte er sieben Barbarenkönige mit ihren Heeren, um sie zum Abfall zu bewegen. Aber es gelang ihnen nicht. Als man sie steinigen wollte, flogen die Steine zurück auf die, die sie schleuderten. Als man sie geißeln wollte, verdorrten die Hände der Geißler. Kaiser Hadrian gab den Befehl, alle zu töten, und zwar auf gleiche Weise wie Jesus, den Gekreuzigten, den sie verehrten. Von den heidnischen Soldaten, die das mit ansehen mussten, traten tausend zum Glauben über. So wurden an einem Tag zehntausend Soldaten gekreuzigt. Es war um die gleiche Stunde, da Jesus ans Kreuz geschlagen wurde. Und wie beim Tod Jesu verfinsterte sich auch beim Tod der zehntausend Soldaten die Sonne, und die Erde erbebte.

Ich möchte ausgewählte Bilder aus dieser Legende genauer betrachten. Da ist einmal das Bild des Heerführers, der die Feinde besiegt. Wenn sich die Soldaten zu Christus bekehren, werden sie die Feinde überwinden. Christliches Leben wird hier als Kampf geschildert. Die Legende illustriert, was der Epheserbrief sagt: »Zieht die Rüstung Gottes an, damit ihr den listigen Anschlägen des Teufels widerstehen könnt.« (Epheser 6,11) Der Christ muss sich wehren gegen die inneren Feinde, die ihn angreifen. Er braucht den Mut eines hl. Achatius. Die Legende erzählt, dass die Steine, die die Feinde gegen die Soldaten werfen, auf sie zurück fliegen. Die Aggressionen der anderen können uns nicht schaden, wenn wir die Waffenrüstung Gottes angezogen haben. Wenn wir in Christus unseren Grund haben, dann können uns die aggressiven Pfeile der Menschen um uns herum nicht erreichen. Sie prallen ab und wenden sich gegen den, der sie abgesandt hat. Das Verankertsein in Christus ist wie ein Schutzschild, durch den die Verletzungen der anderen nicht dringen können. Die verdorrten Hände derer, die die Soldaten geißeln wollten, zeigen, dass uns die Verletzungen nicht treffen, wenn wir unseren Grund in Christus haben, wenn wir uns wie die christlichen Soldaten von den Engeln Gottes umgeben wissen.

Die Engel spielen in der Legende des Achatius eine wichtige Rolle. Sie begleiten ihn, schützen ihn und nähren ihn. Die Engel drücken aus, dass Gott selbst uns auf all unseren Wegen begleitet, dass er uns mit seiner liebenden Gegenwart schützend umhüllt, und dass er unseren tiefsten Hunger stillt, dass Gott der wahrhaft nährende ist. Die Engel geben den Soldaten das Vertrauen, mitten in einer feindlichen Umgebung doch unverletzt zu bleiben. Und sie führen sie zur Vollendung, wie die Zahl zehntausend es symbolisiert. Zehntausend ist ein Bild der Ganzheit. Wenn ich auf den Engel höre, der mich begleitet, dann führt er mich zu dem Bild, das Gott sich von mir gemacht hat, dann lässt er mich heil werden und ganz. Dann werden die zehntausend Soldaten in mir, dann werden die verschiedenen Kräfte und Bedürfnisse in mir nicht gegeneinander kämpfen, sondern zu einer großen Einheit, zu einem geschlossenen Heer, das alle Feinde abwehren kann.

Achatius ist Nothelfer bei Todesangst. Die Legende beschreibt, wie die zehntausend Soldaten sich nicht gegen den Tod wehrten. Sie nahmen den Tod in Gemeinschaft mit Christus auf sich. Sie starben wie Christus um dieselbe Stunde und in der gleichen Weise. Ihr Tod wandelte sich zum Triumph ihres Glaubens. Hier wird die Todesangst thematisiert. Die Heiligen haben die Todesangst im Vertrauen auf die Engel Gottes überwunden, die ihnen verheißen haben, dass sie über sie wachen und ihnen beistehen. Es ist ein Urbild der göttlichen Hilfe, dass Engel kommen, um uns im Tod beizustehen und uns hinüberzuführen in das Reich des Lebens und des Lichtes. Die Engel, die in der Legende eine so zentrale Rolle spielen, sind auch heute wieder neu in unser Bewusstsein gerückt. Für viele ist die Vorstellung von Gottes Hilfe zu abstrakt.

Sie können sich nicht vorstellen, dass Gott in ihr Leben eingreift. Aber dass Gott Engel schickt, die uns beschützen und die uns auch im Tod zu Hilfe kommen und uns zu Gott geleiten, dafür haben wir heute durchaus Verständnis. Die Engel sind ähnlich wie die 14 Nothelfer Bilder für den nahen Gott, für den Gott, der hineinkommt in unsere Angst, in unsere Not.

Die Verehrung des hl. Achatius zeigt uns, dass die Todesangst durchaus auch Christen befallen kann. Es ist eine Urangst, die man auch durch Vertrauen auf Gott nicht einfach beiseiteschieben kann. Der Schritt ins Ungewisse und Unbekannte macht Angst. Manche erfasst im Augenblick des Sterbens eine große Unruhe. Es ist nicht immer die Angst vor der Verdammung, sondern oft genug einfach die Angst vor den Schmerzen, die einem die Besinnung rauben können. Oder es ist die Angst vor der Ohnmacht des Todes, vor dem Loslassen des ganzen Lebens und vor dem Erscheinen vor Gott. Da ist es tröstlich, dass ein Engel erscheint und uns zu Gott geleitet, damit wir nicht allein vor ihm erscheinen müssen, sondern beschützt und bewacht von unserem Engel, der mit uns vertraut ist. Der Engel ist ein Bild für den nahen Gott und zugleich ein Bild für die spirituelle Dimension unserer Seele. Der Engel ist um uns, aber er ist auch in uns. Der Engel in uns führt uns im Tod zu Gott. Wir werden im Tod nicht zerfallen. Der Engel in uns hält uns zusammen und führt uns in die Vollendung bei Gott.

Irwin Yalom, ein amerikanischer Psychologe, meint, dass der Prozess der Selbstwerdung nur gelingt, wenn wir uns der eigenen Todesangst stellen. Die Todesangst gehört wesentlich zum Menschen. Wer sie verdrängt, der flüchtet in tausend Aktivitäten, um seine Angst nicht zu spüren. Oder er stellt sich vor, dass er etwas Besonderes ist. Er erhebt sich über sein Menschsein und hüllt sich in Größenfantasien ein. Der hl. Achatius will uns Mut machen, uns der eigenen Todesangst zu stellen. Die Angst gehört zu unserem Leben. Wir werden sterben. Aber wir werden im Tod nicht allein sein. Ein Engel wird uns begleiten. Der Tod ist ein Widerfahrnis von außen, das wir nicht verhindern können. Aber wie wir den Tod als Widerfahrnis zu unserem eigenen Sterben umformen, das zeigt uns die Legende des hl. Achatius. Er stirbt gemeinsam mit den zehntausend Soldaten im Vertrauen auf Christus. Er lässt den Tod an sich geschehen, weil er weiß, dass er ihm letztlich nichts anhaben kann. Der Tod ist für ihn das Tor zum wahren Leben. Im Tod geht er zu Christus, dem er während seines Lebens gedient hat. Der

Engel, der ihn während seines Lebens begleitet hat, geht auch diesen letzten Schritt über die Schwelle mit ihm. Es ist ein Hoffnungsbild, das auch uns von unserer Todesangst zu befreien vermag.

DER HEILIGE ERASMUS
Guter Umgang mit Aggressionen

Viele Erzählungen ranken sich um die
Gestalt des hl. Erasmus. Nach der am
weitesten verbreiteten Legende lebte er sieben Jahre lang einsam und
verborgen im Libanongebirge und
hatte vertrauten Umgang mit den Tieren. Sein Auf-
enthalt wurde aber entdeckt, und man führte ihn
wegen seines verbotenen Glaubens vor den Richter.
Doch alle Martern konnten ihm nichts anhaben.
Erasmus blieb unverletzt. Ein Engel geleitete ihn
aus dem Gefängnis und brachte ihn in das Gebiet des
heutigen Kroatien. Dort verkündete er das Evan-
gelium und vollbrachte viele Wunder. Dann wurde
der Heilige aber wieder ins Gefängnis gebracht und
in einen Kessel voll siedenden Öls geworfen. Doch
ein Engel errettete ihn daraus und führte ihn ans

Meer. Dort nahm ihn ein Schiff auf und brachte ihn in die Stadt Gaeta in Kampanien. In dieser Gegend starb er im Jahre 303 den Märtyrertod. Erasmus gilt als Patron der Seefahrer. Aber ist auch Helfer bei Bauchweh, Magen- und Darmkrankheiten sowie bei Unterleibsbeschwerden. Die Ankerwinde, die er in den Händen hält, ist durch ein Detail aus dem Bericht seines Martyriums bedingt, das erzählt, dass man ihm mit einer Winde die Eingeweide aus dem Leib herausgezogen habe.

Erasmus soll einmal mitten im Gewitter gepredigt haben. Überall schlugen Blitze ein. Nur der Heilige blieb unversehrt. Sturm, Blitz und Gewitter – das sind Bilder für unsere eigene Daseinserfahrung. Oft genug haben wir das Gefühl, mitten im Sturm unserer aufgewühlten Emotionen zu stecken. Der Gegenwind bläst uns ins Gesicht. Unsere Lebensfahrt geht nicht mehr so glatt wie bisher. Wir haben Gegenwind. Alles hat sich gegen uns verschworen. Nichts scheint uns mehr zu gelingen. Menschen treten uns entgegen und hindern uns daran, unser Leben so zu leben, wie wir gerne möchten. Oder wir geraten ins Gewitter. Da prasseln die Aggressionen von allen Seiten auf uns ein. Wir wissen nicht, aus welcher Richtung sie kommen. Blitze von Hass zucken um uns herum. Wir können uns gar nicht in

Acht nehmen, weil sie unberechenbar um uns herum
aufblitzen.

In solchen Situationen kann uns das Bild des hl.
Erasmus helfen, unser Vertrauen auf Gott zu setzen.
Gott wird uns mitten in den Stürmen sicher durch
das Leben geleiten. Der Blitz feindlicher Aggressionen wird uns nicht vernichten, wenn Gott seine
schützende Hand über uns hält. Blitz und Don-
ner sind im Traum oft Bilder für einen Affektstau
und für körperliche und seelische Spannungen, die
nach Entladung drängen. Von daher ist verständlich,
dass Erasmus als Nothelfer bei Magen- und Darmkrankheiten, bei Bauchweh und Unterleibskrank-
heiten gilt. Denn da geht es auch um Affektstau, um
krankhaften und gesunden Umgang mit Aggressionen. Aber vor allem wird das Bild der Winde, mit
der man die Gedärme des Heiligen herausgedreht
hat, dazu geführt haben, Erasmus vor allem als hilf-
reichen Begleiter bei Magen- und Darmkrankheiten
zu sehen. Der Magenbereich zeigt uns, wie wir mit
Aggressionen umgehen. Wenn wir den Ärger zu
sehr herunterschlucken, bekommen wir Magengeschwüre. Wir zerfleischen uns im wahrsten Sinn
des Wortes selbst. Wer mit seinem Ärger nicht gut
umgehen kann, der sagt, er sei sauer. Bei ihm kann
der Magen den Ärger nicht verwandeln. Säure bildet

sich und stößt auf. Es bleibt zu viel Unverdautes in unserem Magen liegen, manchmal wie ein schwerer Stein, der uns niederdrückt. Manche Menschen reagieren bei Spannungen sehr stark mit dem Magen. Sie können nicht mehr essen. Sie bekommen »einen nervösen Magen«.

Magenprobleme zeigen oft Beziehungsprobleme an. Jugendliche erzählen mir, dass sie wohl am intensivsten die Spannungen in ihrer Familie beim Essen wahrnehmen. Sie spüren die Aggressionen zwischen den Eltern in ihrem Magen. Sie können die Spannungen nicht aushalten. Ihnen verschlägt es den Appetit. Sie können nichts mehr essen, nichts mehr verdauen. Magenprobleme bedeuten daher oft, dass ich mich nicht abgrenzen kann gegenüber den Spannungen meiner Umgebung. Ich nehme alles in mich auf. Darmprobleme, Durchfall oder Verstopfung zeigen, wie wir mit dem umgehen, was wir in uns aufnehmen. Durchfall weist meistens auf die Angst hin, die wir vor etwas haben. Wir nehmen es nicht auf, sondern lassen es gleich durchlaufen. Verstopfung dagegen ist Ausdruck, dass wir zu viel an Äußerem festhalten und es nicht loslassen können. Darmentzündungen weisen oft auf Menschen hin, die sich nicht abgrenzen können, die zu wenig ihr eigenes Leben verwirklichen. Bei chronischen

Darmentzündungen sieht die Psychosomatik häufig psychische Ursachen, die Tendenz, sich anzupassen, es allen recht machen zu wollen, die Angst vor Konflikten und die Unfähigkeit, sich zu behaupten und Aggressionen in positiver Weise zu zeigen.

In Erasmus sahen die Menschen des Mittelalters ein Bild für die Heilung ihrer Darm- und Magenkrankheiten. Die Legende, dass man dem Erasmus mit der Winde die Därme herausgedreht habe, zeigt einen Weg an, wie wir vor Gott mit unseren Magen- und Darmproblemen umgehen sollen. Ich muss das, was in mir ist, nach außen kehren. Ich muss es anschauen, was da unverdaut in mir liegt, was ich da in mich hineingefressen habe, was ich festhalte und nicht hergeben will. Ich muss die Aggressionen herauslassen, anstatt sie in mich hineinzufressen. Ich muss den Affektstau lösen, damit ich wieder richtig verdauen kann. Aber die Aggressionen sollen nicht einfach explodieren. Denn dann gibt es nur Scherben. Sie müssen eine nach der anderen herausgelassen werden, gerichtet und klar. Dann ermöglichen sie mir das richtige Verhältnis von Nähe und Distanz. Dann zeigen sie mir, wo ich mich abgrenzen und wo ich mich einlassen soll.

Auf den Bildern wird Erasmus immer sehr selbstbewusst dargestellt. Weil er in sich ruht, hat er es nicht nötig, alles in sich hineinzufressen. Weil er in sich selbst steht, kann er sich gegen das wehren, was von anderen Menschen an ihn herantritt. Er bleibt auch unberührt von Blitzen und Donnerschlägen, die von außen auf ihn einstürmen. Die Aggressionen der anderen prallen an ihm ab. Er kann sich gegen sie schützen. Er kann mit seinen eigenen Aggressionen gut umgehen. So können ihm die Aggressionen der anderen nicht schaden. Er bleibt verschont von Magen- und Darmkrankheit. Wenn wir das Bild des hl. Erasmus wie eine Ikone meditieren, kommen wir in Berührung mit den eigenen Möglichkeiten im Umgang mit Aggressionen und Affekten. Jeder von uns hat in sich die Fähigkeit des Heiligen, sich vor den Aggressionen von außen zu schützen und die Gefühle, die sich in uns hineingefressen und Magengeschwüre ausgelöst haben, zu äußern. Doch wir haben diese Fähigkeit nicht genügend entwickelt. Wir haben uns nicht getraut, wie der Heilige unsere Gefühle nach außen zu drehen und nacheinander herauszulassen. Wir haben Angst, da würde zu viel Unansehnliches herauskommen. Doch Gefühle dürfen sein, wie sie sind. Wir brauchen sie nicht zu verstecken. Es geht nur darum, sie einzeln anzuschauen und sie Gott hinzuhalten. Dann werden sie sich nicht mehr in uns festsetzen und Darm und Magen angreifen.

DER HEILIGE BLASIUS
Sexualität und Vitalität

Blasius war Arzt und machte bei
der Ausübung seines Berufs keinen Unterschied zwischen Reich
und Arm, zwischen Christen
und Heiden. Jeden Patienten behandelte
er wie einen Bruder und eine Schwester. Das führte
dazu, dass seine christliche Gemeinde ihn zum Bischof wählte. Als der Kaiser Licinius die Christen
verfolgte, versteckte sich Blasius in einer Höhle. Er
lebte dort friedlich mit den Tieren und pflegte und
verband sie, wenn sie verwundet worden waren. Die
Vögel brachten ihm Speise. Als der Statthalter in den
Wäldern eine große Jagd veranstaltete, wunderte er
sich, dass alle Tiere in die gleiche Richtung flohen
und bei Blasius Zuflucht fanden. Blasius wurde gefangen genommen und in den Kerker geworfen.

Dorthin brachten die Christen ihre Kranken, damit er sie heile. Ein Knabe, der wegen einer Fischgräte zu ersticken drohte, wurde auf das Gebet des Bischofs hin sofort aus Lebensgefahr errettet. Im Gefängnis wurde Blasius gefoltert. Dann wurde er in einen Teich geworfen. Aber Blasius machte das Kreuzzeichen darüber, und so wurde das Wasser zu trockenem Land. 65 Mann eilten ihm nach. Aber da wurde das Land wieder zu Wasser, und sie ertranken alle. Schließlich wurde der Heilige enthauptet.

Blasius ist ein gütiger Mensch. Er lebt nicht nur im Einklang mit sich, sondern auch mit den Tieren. Mit ihnen hat er freundschaftlichen Kontakt. Er heilt ihre Wunden, und sie nähren ihn. Das ist ein schönes Bild menschlicher Selbstwerdung. Blasius ist der königliche Mensch und der Arzt. Er ist der freie Mensch und der heilende. Von ihm geht Heilung aus sogar auf die Tiere. Die Tiere stehen für die Triebe, für Vitalität und Sexualität. Die Triebe sind oft genug verwundet durch eine allzu rigorose Erziehung oder durch mangelnde Disziplin. Blasius heilt mit seinem Verstand, mit seinem ärztlichen Wissen die Wunden der Tiere, die Wunden, die seine Triebe schwächen oder aber aggressiv machen, sodass sie für ihn gefährlich werden könnten. Wenn die Triebe geheilt sind, dann sorgen sie für ihn, dann geben sie ihm Nahrung und Kraft. Die Wunden, die die Menschen ihm zufügen, können ihm nicht schaden. Selbst das Wasser, ein Symbol für das Unbewusste, kann ihn nicht verschlingen. Wasser wird für ihn zum trockenen Land, über das er mühelos gehen kann. So ist Blasius für uns eine Verheißung, dass auch wir uns mit all dem Triebhaften, mit unserer Vitalität und Sexualität, aussöhnen können, dass die Triebe uns zum Leben antreiben, uns nähren und unserer Lebendigkeit dienen.

Blasius gilt als der Nothelfer bei Halskrankheiten und bei Erstickungsgefahr. Beides sind Nöte und Wunden, die wir alle kennen. Der Hals ist ja ein sehr sensibler Bereich. Manchmal ist unser Hals vor Angst zugeschnürt. Wir können nicht richtig atmen und sprechen, weil uns die Angst die Kehle zudrückt. Wir bekommen keine Luft mehr. Wir fühlen uns eingeengt. Grund dieser »atemberaubenden« Beklemmung ist eine Angst, die wir uns oft selbst nicht erklären können. Die Angst kann von der Enge im Geburtskanal oder von anderen traumatischen Erfahrungen in der Kindheit herrühren. Sobald eine Bedrohung von außen kommt, steigt diese Angst in uns hoch und engt uns ein. Manche Menschen lösen in uns eine oft unerklärliche Angst aus.

Der kranke Hals kann aber auch darauf hinwei-

sen, dass wir etwas verschluckt haben. Wir haben zu
viel geschluckt. Wir haben Verletzungen und Kränkungen heruntergeschluckt. Wir haben uns nicht
gewehrt gegen die Kränkungen. Jetzt sind wir vor
lauter Kränkung krank geworden. Manchmal äußert
sich der kranke Hals im Husten. Der Husten zwingt
uns, all das herauszubellen, was wir zu lange geschluckt haben. Jetzt endlich zwingen uns das Hals-
weh und der Husten, uns gegen die Kränkungen zu
wehren. Sonst würden wir an unserem inneren Kloß
ersticken.

Manchmal bekommen wir keine Luft mehr. Es
gibt Menschen, die uns die Luft wegnehmen. In
ihrer Nähe bleibt uns die Luft weg. Da können wir
nicht mehr frei atmen. Viele leiden heute unter Asthma. Manche erleben Asthmaanfälle als lebensbedro-
hende Erstickung. Asthma hat oft auch eine psychische Komponente. Oft durften solche Menschen
als Kinder nicht frei durchatmen. Es herrschte eine
erstickende Atmosphäre. Man durfte nicht anders
denken als die Eltern. Man durfte sich nicht den eigenen Freiraum erkämpfen. Manchmal taucht so ein
Erstickungsanfall gerade dann auf, wenn uns Menschen zu nahe kommen, die wir als einengend und
bedrohlich erleben. Irgend etwas krallt sich dann in
uns fest, so wie die Fischgräte im Hals des Jungen,

den Blasius geheilt hat. Wir können die Angst, die sich da in uns festkrallt, oft gar nicht benennen. Und vor allem können wir sie weder herunterschlucken noch ausspucken. Sie sitzt fest und lässt uns fast ersticken.

Ich kenne eine Frau, die ihr Asthma in der Therapie angeschaut und die viel an sich gearbeitet hat. Trotzdem überfällt sie immer wieder einmal ein Asthmaanfall. Im genaueren Hinsehen hat sie erkannt, dass die Erkenntnis allein offensichtlich nicht genügt. Sie braucht anscheinend noch einige Zeit das Asthma als Erinnerung dafür, dass sie wirklich durchlässig werden soll für das Leben, für die Liebe, anstatt an sich selbst festzuhalten.

Die Unfähigkeit, das Asthma durch Therapie in den Griff zu bekommen, könnte uns gerade auf einen anderen Weg weisen, auf den Weg, den uns der hl. Blasius aufzeigt. Er lädt uns ein, uns mit unserer Enge und Angst, mit all dem Verdrängten und Unterdrückten, mit all dem Heruntergeschluckten und mit unserer Angst vor dem Ersticken vor Gott zu treten und es Gott hinzuhalten. Im Hals will der Atem, will das Leben, will die Liebe fließen. Aber mit unserem Willen allein können wir den Atem nicht fließen lassen. Wir brauchen das Vertrauen, dass Gott uns liebevoll berührt gerade in unserer

Ohnmacht, uns selbst loszulassen und durchlässig zu werden für das Leben und die Liebe. Gerade wenn wir trotz Therapie mit unserem Asthma nicht weiterkommen, kann uns der hl. Blasius darauf verweisen, dass wir uns mit unserer Angst und Enge, mit unserer Ohnmacht und mit unseren Erstickungsanfällen an Gott wenden und uns in Gottes heilende Liebe halten, im Vertrauen, dass sie uns zu heilen vermag.

Im Blasiussegen mit den brennenden Kerzen hält uns Gott seine liebende Wärme an unseren erkälteten und zugeschnürten Hals, um uns von allem zu befreien, was wir verschluckt haben, um die Fischgräte der Angst herauszuziehen, die sich nicht nur im Hals, sondern auch in unserer Seele eingekrallt hat. Viele Priester haben den Blasiussegen abgeschafft, weil sie meinen, sie könnten diesen abergläubigen Gestus den Menschen von heute nicht mehr zumuten. Aber es geht hier nicht um Magie und Aberglauben, sondern um das Vertrauen, dass ich zu Gott mit meinen ganz konkreten Nöten kommen darf. Der Segen mit den überkreuzten Kerzen ist ja schon eine liebende Zuwendung. Der Hals ist das liebesbedürftigste Organ des Menschen. Am Hals möchten wir am liebsten gestreichelt werden.

Die Kirche des Mittelalters hat auf so elementare

Bedürfnisse Rücksicht genommen, indem sie die gekreuzten Kerzen mit ihrer Wärme an den Hals gehalten und ein Gebet um Heilung gesprochen hat. Indem ich Gottes Liebe an meinen zugeschnürten Hals halte, kann sich die Angst lösen. Der Kloß, der in mir stecken blieb, kann zergehen, und ich kann wieder frei atmen, weil ich mich mit meiner tiefsten Sehnsucht angenommen und geliebt weiß. Ein Missionar erzählte mir, dass in Afrika die Kirchen am 3. Februar immer überfüllt sind. Da strömen die Menschen herbei. Offensichtlich entspricht der Ritus des Blasiussegens ihrem tiefsten Bedürfnis und ihrer Sehnsucht nach Heilung, nach einem weiten und freien Atem. Und auch bei uns ist heute ein neues Interesse am Blasiussegen erwacht. Die Menschen spüren, dass sie die heilende Kraft Gottes brauchen. Sie sehnen sich nach der Zuwendung der zärtlichen Liebe Gottes. Von ihr erwarten sie ihre Heilung, eine Heilung, die nicht nur den Leib, sondern auch die Seele betrifft.

DER HEILIGE AEGIDIUS
Innere Klarheit hilft bei
Allergie

Aegidius ist der einzige Nothelfer,
der nicht als Glaubenszeuge, als »Märtyrer«,
gestorben ist. Der Legende nach war er Grieche
und stammte aus Athen. An der Rhonemündung
lebte er in der Einsamkeit, an einer Stelle, die mit
Sträuchern und Bäumen dicht bedeckt war. Eine
Hirschkuh brachte ihm täglich Milch und nährte
ihn so. Auf einer Jagd kam der Gotenkönig Flavius
vorbei und sah die Hirschkuh. Von den Hunden des
Königs verfolgt, suchte sie bei Aegidius Zuflucht
und legte sich zu seinen Füßen. Die Hunde konnten
nicht näher als einen Steinwurf an sie herankommen.
Dann mussten sie wieder umkehren. Als man das
dem König berichtete, merkte er, dass das nicht mit
rechten Dingen zuginge. So kam er mit dem Bi-

schof von Nîmes, um der Sache nachzugehen. Als nun die Hunde wieder unverrichteter Dinge zurückkamen, schoss ein Jäger einen Pfeil, um das Tier herauszulocken. Damit traf er Aegidius am Schenkel und verwundete ihn schwer. Als die Jäger durch das Gebüsch vordrangen, fanden sie Aegidius aus der Wunde blutend dasitzen und zu seinen Füßen die Hirschkuh. König und Bischof gingen auf ihn zu und fragten, wer er sei. Er erklärte ihnen den Grund seines Hierseins und seiner Wunde. Da baten sie ihn um Verzeihung und versprachen ihm, einen Arzt zu schicken. Doch Aegidius lehnte dies ab, er brauche für seine Wunde keine irdische Arznei. Er bat Gott, dass die Wunde bis zu seinem Tode bliebe, damit Gottes Gnade in seiner Schwachheit vollendet würde. So blieb er verwundet bis zu seinem Lebensende.

Die Legende zeigt in schönen Bildern den spirituellen Weg, der uns zugleich auch zum wahren Selbst führt. Aegidius wird von einer Hirschkuh mit Milch genährt. Er hat also eine positive Beziehung zu seiner Vitalität. In der Einsamkeit ist er nicht allein, sondern die mütterliche Hirschkuh ist bei ihm und nährt ihn. Die Tiere sind in den Märchen immer Bilder für die Vitalität und Sexualität und für den Bereich der Instinkte und der Natur. Das geistliche Leben hat Aegidius der Natur nicht entfremdet, sondern ihn in Einklang mit ihr und mit ihrer schöpferischen und nährenden Kraft gebracht. Milch ist ein Bild der Unschuld. Und sie ist göttliche Speise. Die göttliche Speise wird ihm durch ein Tier gereicht. Das zeigt die Einheit von Geist und Trieb, von Gott und Schöpfung, von Vitalität und Spiritualität. Die Hunde, die die Hirschkuh verfolgen, können über den heiligen Bezirk, der um Aegidius unsichtbar gezogen ist, nicht hinaus. Sie können nicht in den heiligen Raum eindringen, der von Gottes heilender und nährender Gegenwart geprägt ist.

Zwei Nöte sind es, die vor allem mit Aegidius verbunden werden: Aussatz und Krebs. Aussatz im klassischen Sinn kennen wir heute kaum. Aber Hautkrankheiten nehmen zu. Viele leiden an Allergien und Neurodermitis. Allergie weist darauf hin, dass der Körper gegen etwas reagiert. Er wehrt sich gegen die Pfeile, die von außen in ihn eindringen. Das können chemische Substanzen sein. Aber der Körper reagiert oft auch auf seelische Pfeile. Eine Frau, die wegen des beruflichen Werdegangs ihres Mannes immer wieder versetzt wurde, litt an vielen Allergien. Sie gestand sich nicht ein, dass sie mit den Versetzungen nicht einverstanden war. Ihr Leib rebellierte dagegen.

Hautkrankheiten deuten darauf hin, dass sich jemand in seiner Haut nicht wohl fühlt. Unsere Haut ist ein sehr sensibler Indikator, ob wir im Einklang sind mit uns selbst. Oft zeigt die Haut das, was wir bei uns nicht angenommen haben. Es tritt nach außen, was wir innerlich verdrängt haben. Bei Pubertierenden treten häufig die verdrängten sexuellen Bedürfnisse in Form von Pickeln nach außen. Was wir in unserer Seele nicht annehmen, das sucht sich einen körperlichen Ausdruck. Doch oft entsteht ein Teufelskreis. Wer eine unreine Haut hat, kann sich selbst nicht annehmen. Er versucht, seine Haut zu verstecken. Und oft fühlt er sich auch von anderen Menschen nicht angenommen.

Die Haut ist ein sehr sensibles Organ. Mit ihr nehmen wir Kontakt auf zur Umwelt. Der eine hat ein dickes Fell, der andere eine dünne Haut. Ihm geht alles unter die Haut. Viele leiden heute an Neurodermitis. Sie haben oft Angst, sich den anderen mit ihrer Haut zu zeigen, wie sie sind. So haben sie oft Probleme, das für sie angemessene Verhältnis von Nähe und Distanz zu finden. Das Kratzen und Jucken ist oft Ausdruck einer hohen Aggressivität, die sich aber nicht auf andere, sondern auf sich selbst richtet. Manche zeigen eine so hohe Selbstaggressivität, dass sie sich am liebsten zerstören möchten.

Oft geht es so weit, dass man sich nicht nur kratzt und juckt, sondern auch schneidet. Man verletzt sich selbst. Manche spüren sich nur, wenn sie sich verletzen. Sie haben die Selbstaggressivität so verinnerlicht, dass sie der einzige Weg ist, sich wahrzunehmen.

Die Legende des hl. Aegidius gibt eine Antwort auf die Problematik, die Hautkrankheiten anzeigen. Der Einsiedler fühlt sich wohl in seiner Haut. Er ist mit sich im Einklang. Und er kann sich abgrenzen. Er hat sich ja zurückgezogen, und weder der König noch die Jäger mit ihren Hunden können in den inneren Bereich eindringen. Gott selbst hat einen Schutzbezirk um ihn aufgebaut, in den feindliche Aggressionen nicht vorstoßen können. Weil er sich selbst abgrenzt, braucht er seine Aggression nicht mehr gegen sich selbst zu richten. Er setzt die Aggression richtig ein, als die Kraft, eine gesunde Distanz zu den Menschen zu schaffen, die etwas von ihm wollen. Aegidius hat im Gebet inneren Frieden gefunden. Er macht auf die Besucher den Eindruck eines Menschen, der mit sich im Einklang ist. Er strahlt Ruhe und Zuversicht aus, Milde und Gelassenheit. Von Aegidius können wir lernen, im Gebet ja zu sagen zu allem, was in uns ist. Und der Heilige weist uns einen Weg, im Gebet den inneren Schutzraum zu erfahren, den niemand zerstören kann. Aegidius wird von der Hirschkuh genährt. Er erfährt seine Vitalität und Sexualität als nährende Quelle und nicht als feindliche Macht, die er unterdrücken muss. Das ist wohl auch ein entscheidender Weg, uns in unserer Haut wohlfühlen zu können.

Die zweite Not, für die die Geschichte des hl. Aegidius Heilung verheißt, ist der Krebs. Viele haben heute Angst, dass sie Krebs bekommen. Krebs ist eine heimtückische Krankheit, die jeden befallen kann. Es gibt viele Theorien, wodurch Krebs entstehen kann. Doch letztlich helfen all diese Theorien nicht weiter. Der Krebs dringt in uns ein wie der Pfeil, den ein Jäger aus Versehen abgeschossen hat und der den Heiligen am Oberschenkel getroffen hat. Es geht nicht darum, sich den Kopf darüber zu zerbrechen, woher der Krebs kommt. Wir wissen es letztlich nicht. Er hat uns getroffen. Wir können nur wie Aegidius darauf reagieren. Der söhnt sich aus mit seiner Wunde. Er braucht keine irdische Arznei. Er hält die Wunde offen, weil sie ihn für Gott öffnet. Wir sollen die Wunde unseres Krebses Gott hinhalten und vertrauen, dass er eine himmlische Arznei schickt. Die vermag manchmal unseren Krebs zu heilen. Ganz gewiss aber heilt sie unsere Seele, so dass der Krebs unsere Seele nicht zu zerfressen vermag. Die Seele bleibt heil. Ja, die Wunde kann uns mit unserer ganzen Existenz auf Gott verweisen. Wir haben unser Leben nicht in der Hand. Wir bekommen es aus Gottes Hand geschenkt.

Diese Haltung hilft vielen Krebskranken, ganz im Augenblick zu leben, dankbar zu sein für die Spanne Zeit, die ihnen geschenkt ist. Auf einmal bekommen sie wie Aegidius eine milde und gütige Ausstrahlung. Es geht Weisheit von ihnen aus. Die Freunde, die sie am Krankenbett besuchen, gehen getröstet von ihnen weg. Sie spüren, dass durch die Krankheit hindurch Gottes zärtliche Liebe für sie aufleuchtet. So ist es nicht mehr entscheidend, ob der Krebs körperlich geheilt wird oder ob durch ihn die Seele durchlässig wird für Gottes heilende und liebende Nähe. In dieser inneren Freiheit der Krankheit gegenüber geschieht oft wirkliche Heilung. Der Krebs wird besiegt. Aber entscheidend ist, dass der Geheilte nun etwas ausstrahlt, was die Menschen bei Aegidius erfahren haben: Milde und Güte, Frieden und Liebe, Freiheit und Gelassenheit.

DER HEILIGE CHRISTOPHORUS
Die Angst vor dem Neuen wandeln

Christophorus, das heißt »Christus-träger«, ist einer der volkstümlichsten Heiligen. Er wurde unter Kaiser Decius um das Jahr 250 enthauptet. Sein Fest ist am 24. Juli. Er ist der Schutzheilige aller Reisenden. Christophorus wird in der deutschen Kunst häufig dargestellt. Die älteste Darstellung ist die an der Außenseite der Schlosskapelle zu Hocheppan um die Mitte des 12. Jahrhunderts. Auf seinen Schultern trägt der riesige Mann Christus. Er steht als Riese im Wasser und Christus, der als Kind dargestellt wird, sitzt auf seinen Schultern und wird von ihm durch die Fluten eines reißenden Stroms getragen.

Christophorus ist nicht nur Begleiter in der Bedrohung durch einen unvorhergesehenen Tod. Er soll uns auch helfen, die Schwellenangst zu überwinden, die Angst, die uns an den vielen Übergängen unseres Lebens und bei jedem Neubeginn – auch in alltäglichen Dingen – überkommt. Christophorus ist ein Bild der Hoffnung, dass uns der Tag nicht die Kraft raubt, dass wir nicht ausbrennen vor lauter Anstrengung, sondern dass wir ihn aus der Kraft Christi heraus leben, dass wir immer in Berührung sind mit der inneren Quelle der göttlichen Kraft.

Seine Legende ist auch ein Bild für gelungenes Leben schlechthin, für die Stationen, die jeder von uns durchlaufen muss auf seinem Weg zu Gott. Der Legende nach soll Christophorus zuerst Reprobus geheißen haben, das heißt »der Verdammte«. Er wollte den mächtigsten Herrscher der Welt suchen, um sich in seinen Dienst zu stellen. Zuerst kommt er zu einem König, den man für den mächtigsten Mann seiner Zeit hält. Als ein Gaukler in einem Lied vor dem König den Teufel erwähnt, macht der König das Kreuzzeichen. Offensichtlich hat der König Angst vor dem Teufel. Christophorus sucht nun den Teufel, der anscheinend mächtiger ist als sein König. Als er ihn findet, tritt er in seinen Dienst. Als sie auf ihren gemeinsamen Wanderungen an einem Kreuz vorbeikommen, macht der Teufel einen Umweg.

Auf des Reprobus bohrende Frage hin muss ihm
der Teufel bekennen, dass er Angst vor dem Kreuz
habe, seitdem Jesus Christus daran gestorben sei. So
macht sich Christophorus auf den Weg, Jesus Christus zu finden und ihm zu dienen. Auf seiner Suche
findet er einen Einsiedler. Er fragt ihn:

»Was muss ich tun, um Jesus Christus zu sehen?«
Der Einsiedler verweist ihn auf das Fasten. Doch
das kann Christophorus nicht. Da sagt ihm der Einsiedler: »Siehst du den gefährlichen Fluss da unten?
Die Leute, die ihn überqueren wollen, verlieren oft
ihr Leben dabei. Lass dich an seinem Ufer nieder.
Dein ungeheurer Wuchs und deine gewaltige Kraft
werden dich imstand setzen, die Reisenden von einem Ufer zum anderen zu tragen. Sei jedermanns
Diener, so wirst du den König der Könige, Jesus
Christus, sehen.« (Melchers 456) Als er schon viele
Jahre den Menschen gedient hatte, wollte ein Kind,
dass er es über den Fluss trage. Das Kind wird auf
seinen Schultern immer schwerer. Als er es am anderen Ufer absetzte, sagte er zu ihm: »Ich glaubte
zu sterben. Es war, als wenn ich die ganze Welt auf
den Schultern gehabt hätte. Ich hätte es nicht länger
ertragen.« (Melchers 456) Das Kind antwortete ihm:
»Christophorus, du hast mehr getragen als die Welt,
du hast den Schöpfer der Welt getragen: Ich bin der

König Jesus Christus.« (Melchers 456 f.) Er heißt nun nicht mehr Reprobus, der Verdammte, sondern Christophorus, der Christusträger. Damit wird er ein Bild für jeden Christen. Das Geheimnis unseres Christseins besteht darin, dass wir Christus in uns und auf unseren Schultern tragen.

Die Geschichte des Christophorus zeigt, worum es in jedem Leben geht. Christophorus ist der suchende Mensch. Er ist nicht zufrieden mit dem, was er hat. So macht er sich auf den Weg. Er stellt sich die Frage, wem er dienen, für wen und für was er sein Leben einsetzen möchte. Er möchte seine Fähigkeiten in den Dienst des Mächtigsten und Größten stellen. Und er macht die Erfahrung, dass der Dienst für den scheinbar Größten, für einen Götzen, nur unfrei macht. Nur wenn ich Gott diene, werde ich wahrhaft Mensch, komme ich zu mir, werde ich wirklich frei. Das Paradox ist aber, dass Christophorus gerade dort Christus, dem mächtigsten König, dient, wo er der Diener aller Menschen wird, gerade auch der Diener der Kleinen. Weil er Christus, dem Größten dienen will, kann er dem Kleinsten dienen, ohne sich klein zu machen. Er erweist seine Größe darin, dass er sich auch zum Kleinsten hinwendet. Als er sich in den Dienst des mächtigsten Königs und dann des Teufels gestellt hatte, war er von ihnen abhängig. Und er geriet in den Bannkreis ihrer Angst. Er wurde von ihrer Angst klein gemacht. Er spürte, dass sie seine tiefste Sehnsucht nicht erfüllen konnten. So suchte er weiter. Er gibt sich nicht zufrieden mit der scheinbaren Größe von Menschen, die sich nur dann groß vorkommen, wenn sie andere klein machen. Er sucht wahre Größe. Er, der Riese, findet diese Größe in dem Einsiedler und dann in dem Kind, das er auf den Schultern trägt und in dem er Christus selbst erkennt.

Als er Christus dient, erfährt er wahre Größe und wahre Freiheit. Es braucht oft viele Wegerfahrungen, um zu dieser Freiheit zu gelangen, um zu spüren, wie ich ohne Angst leben kann.

Christophorus ist der Reisepatron. Bei den vielen Unfällen, von denen wir täglich in der Zeitung lesen, kann uns Christophorus Vertrauen schenken, dass Gott uns auf unserer Fahrt mit dem Auto schützen möge, dass Gott uns eine sichere Landung mit dem Flugzeug schenken möge. Christophorus ist aber vor allem der Nothelfer gegen die Schwellenangst und gegen die vielen anderen Ängste, die uns bedrängen. Seit jeher hat der Mensch Angst, eine Schwelle zu überschreiten. Er weiß nicht, was ihn jenseits der Schwelle erwartet. Jeder Übergang in seinem Leben macht ihm Angst, der Übergang von der Kindheit in die Jugend während der Pubertät, der Übergang zum Erwachsenwerden, in der Lebensmitte, bei der Pensionierung und schließlich die Schwelle des Todes.

Christophorus will uns das Vertrauen schenken, dass Gott uns bei jeder Schwelle, die wir überschreiten müssen, sicher geleiten wird. Christophorus wurde nicht umsonst am Eingang der Kirchen dargestellt. Die Alten drückten damit aus, dass es bei jedem Übergang in unserem Leben letztlich um die Schwelle zum Heiligen und Numinosen hin geht. Bei jeder Schwelle treten wir aus dem bisher Bekannten hinein in das Unbekannte, das uns Angst macht, hinein in den Bereich Gottes, von dem wir nicht wissen, was er an Erfahrungen für uns bereithält. Jeder Übergang macht Angst. Jede Schwelle, die wir überschreiten, ist mit Angst vor dem Unbekannten besetzt. Die Christophorusbilder am Eingang der Kirchen wollen uns die Angst vor den vielen Übergängen unseres Lebens nehmen, von den vielen Abschieden, die wir vollziehen müssen, um von neuem beginnen zu können.

Der Einsiedler hatte Christophorus gesagt, er solle am Flussübergang auf Christus warten. Jeder unserer Übergänge hat mit Christus zu tun. An jeder Schwelle können wir Christus begegnen. Aber wir werden ähnlich wie Christophorus Christus nicht gleich erkennen. Er wird vielmehr schwer werden auf unseren Schultern. Er wird uns niederdrücken. Manchmal kann er uns bis zur Depression hinunterpressen. Aber – so verheißt uns die Gestalt des Christophorus – wir haben genügend Kräfte. In uns ist auch der Riese, der der Last des Übergangs standhält. Weil uns jede Schwelle Angst macht, und weil viele Menschen daher den Schritt über die Schwelle nicht wagen und in ihrer Entwicklung stehen bleiben, brauchen wir das Bild des Christophorus, um im Vertrauen auf Christus den Übergang zu wagen.

Neben der Schwellenangst plagen den Menschen heute viele andere Ängste. Da ist die Angst, einen Fehler zu machen und sich vor anderen zu blamieren, die Angst vor dem Urteil der anderen, vor ihrer Ablehnung und Ausgrenzung. Da ist die Angst vor dem Versagen, vor Krankheit und Tod. Und es gibt viele diffuse Ängste, die uns überfallen, ohne dass wir wissen, woher sie kommen und worauf sie sich richten. Es ist einfach eine Angst, die in uns hochsteigt. Manchmal ist es wie eine Attacke. Viele leiden an solchen Angstattacken oder Panikattacken. Die Legende des hl. Christophorus zeigt uns, wie wir mit diesen Ängsten umgehen sollen. Christophorus erkennt, dass der mächtige Herr, dem er dient, Angst hat vor dem Teufel. Der Teufel ist in der Legende der Herr der Welt, der Macht hat über diese Welt. Wer sich dem Teufel verschreibt, der kann ohne Gewissensbisse Macht ausüben. Er wird keine Rücksicht auf Gesetz und Moral nehmen und die Armen und Entrechteten übersehen. Doch die Macht ist erkauft durch Angst. Der Teufel hat Angst vor Christus, der mächtiger ist als er.

Die Psychologie sagt uns, dass Ängste oft auf falsche Grundannahmen unseres Lebens hinweisen. Wenn ich Angst vor dem Urteil anderer habe, folge ich der Grundannahme: »Ich darf keinen Fehler machen, sonst bin ich nichts wert. Ich darf mich nicht blamieren, sonst werde ich abgelehnt.«

Solche Grundannahmen zeigen, dass ich letztlich einem Götzen folge und nicht Gott, der mir Grundannahmen schenkt, die mich leben lassen, wie: »Du bist bedingungslos geliebt. Du bist wertvoll. Du bist einmalig. Lebe so, wie es dir entspricht. Richte dich nicht nach dem Urteil der anderen, nach den Maßstäben dieser Welt«.

Aber es gibt andere Ängste, die nichts mit falschen Grundannahmen zu tun haben. Die Angst vor Krankheit und Tod, vor Verschlungenwerden und Zu-kurz-Kommen, vor Vernichtung und Auflösung steckt tiefer. Es sind archetypische Ängste, die in unserem Unbewussten auftauchen. Sie hängen oft zusammen mit traumatischen Erfahrungen im Mutterleib oder bei der Geburt oder in der frühen Kindheit. Die Legende macht sie fest in den Fluten des reißenden Stroms. Wasser steht für das Unbewusste. Die Angst, die sich im Unbewussten festgesetzt hat, droht uns zu verschlingen. Christophorus zeigt uns, wie wir sicher durch die Fluten kommen: Wenn wir Christus in unserem Herzen tragen, dann kann uns das Wasser unseres Unbewussten nicht überschwemmen und nach unten ziehen. Wie Christophorus müssen wir uns an dem festhalten, den wir in uns tragen.

Manchmal haben wir den Eindruck, wir würden im Schlamm versinken, wir hätten keinen festen Boden unter unseren Füßen. Doch der Blick auf Christus in unserem Herzen lässt uns sicher auch über den aufgeweichten Boden unserer Angst schreiten. Das Mittelalter hat das verstanden. Es meinte, der Blick auf Christophorus nehme uns die Angst, verschlungen zu werden von der Angst, die uns alle Kraft raubt. In der Unsicherheit von Übergangszeiten brauchen wir den Halt, damit wir nicht versinken. Wie im 12. Jahrhundert so erleben wir auch heute eine Übergangszeit. Sie macht uns Angst, weil die Grundfesten wanken, auf denen wir unser Leben aufgebaut haben. Um so heilender könnte der Blick auf Christophorus sein, damit wir ohne Angst durch die Fluten unseres Lebens kommen.

DER HEILIGE EUSTACHIUS
Wie Beziehung gelingt

Eustachius war Feldherr und
wird daher immer als Krieger in Rüstung und Mantel mit Hut dargestellt,
manchmal aber auch als Jäger. Er trägt in einer
Hand einen Hirschkopf mit einem Kreuz zwischen
dem Geweih. Eustachius starb unter Kaiser Hadrian
um das Jahr 118 wegen seines Glaubens. Er ist Helfer
bei traurigen Familienschicksalen und anderen ver-
zweifelten Situationen. Das erklärt sich aus den Erzählungen, die sich um die Gestalt des Eustachius
gebildet haben.

Die Legende berichtet, dass Eustachius ursprünglich Placidus hieß und als tapferer Heerführer unter
dem römischen Kaiser Trajan diente. Er erfreute sich
bei seinen Soldaten großer Beliebtheit, weil er ge-

recht war und von seinen vielen Gütern auch an die Armen austeilte. Während einer Jagd traf er einmal auf einen ungewöhnlich großen Hirschen und verfolgte diesen. Doch immer wieder entkam er ihm. Schließlich blieb er stehen und wendete sich dem Jagenden zu. Placidus wollte gerade seinen Pfeil abschießen, da erblickte er zwischen dem Geweih ein hell leuchtendes Kreuz. Und er hörte eine Stimme: »Placidus, warum verfolgst du mich? Ich bin Christus, dem du unwissend bereits dienst. Darum habe ich dich erjagt in dieses Hirsches Gestalt, auf dass du dich taufen lassest auf meinen Namen.« (Melchers 601) Placidus ließ sich, seine Frau und seine beiden Kinder taufen. In der Taufe erhielt er den Namen Eustachius. Christus offenbarte ihm, dass er um seines Namens willen viel zu erleiden habe. Aber er solle tapfer bleiben im Leiden, so wie er es vorher in vielen Schlachten war.

Eustachius traf daraufhin ein ähnliches Schicksal wie Hiob. Unter seiner Herde brach eine Seuche aus. Hagelschlag verwüstete die Felder. Von seinen Angestellten wurden viele durch Fieber hinweggerafft. Schließlich überfielen Räuber seinen Hof und zündeten ihn an. Bettelarm fuhr Eustachius danach mit dem Schiff nach Ägypten. Doch der Schiffsherr forderte als Lohn seine Frau. Gewaltsam ließ er Eustachius mit seinen beiden Söhnen an Land schaffen. An einem Fluss raubten ein Wolf und ein Löwe ihm die beiden Kinder. Als Hirten den Löwen mit dem kleinen Kind im Maul sahen, jagten sie ihn. Da ließ dieser das Kleine aus Angst fallen. Den Wolf verfolgten Bauern, entrissen ihm das Kind und zogen es auf. Eustachius haderte mit Gott, dass er ihm zu viel aufgeladen habe. In einem Dorf nahm er Arbeit an und diente 15 Jahre lang als Knecht. In dieser Zeit wurde das Römische Reich von zahlreichen Feinden bedrängt. Da erinnerte man sich an den einstigen Hauptmann Placidus. Man suchte nach ihm. Schließlich erkannte ihn ein ehemaliger Soldat an seiner Narbe. Eustachius wurde wieder in seine Ämter eingesetzt, zog an der Spitze seiner Soldaten in den Krieg und besiegte den Feind.

Seine beiden Söhne waren inzwischen erwachsen und dienten ebenfalls im Heer. Zufällig wurden sie bei einer armen Frau einquartiert. In einem gemeinsamen Gespräch erzählten sie sich alle ihre Lebensgeschichte. Und so erkannten sie in der armen Frau ihre Mutter. Als die Frau zum Feldhauptmann Eustachius eilte, um ihn für ihre beiden Söhne zu bitten, da erkannte sie in ihm ihren Mann. Gemeinsam dankten sie Gott, dass er sie durch alles Leiden hindurch wieder zusammengeführt hatte. Mit allen

Ehren wurde daraufhin der erfolgreiche Feldherr in Rom empfangen. Doch als er sich weigerte, den Göttern zu opfern, da warf man ihn mit seiner ganzen Familie den wilden Tieren vor. Doch weil die Löwen sich vor dem Heiligen verneigten und ihm nichts antaten, wurde er mit seiner Frau und seinen beiden Söhnen schließlich verbrannt.

Bei Eustachius geht es nicht um die Wunden einer Krankheit, sondern um die Verletzungen aus der Lebensgeschichte. Es gibt viele ähnliche Familienschicksale, bei denen die Menschen alle Hoffnung verlieren könnten. Wir brauchen nur an die Kriegswirren zu denken, die viele Familien auseinanderreißen, die den Kindern die Väter nehmen und sie zwingen, allein umherzuirren. Verkehrsunfälle können Familien zerstören. Ein junger Mann hat seinen Vater verloren, und seine Mutter wurde durch einen schweren Verkehrsunfall gelähmt. So ist er allein auf sich gestellt und muss noch für die Mutter sorgen, anstatt bei ihr Geborgenheit und Schutz erfahren zu können. Eine Frau wurde unehelich geboren und von ihrer Mutter immer als Schande für sie angesehen. Sie hat nie erfahren, dass sie in dieser Welt willkommen ist. In solchen und ähnlichen Situationen haben viele Menschen zu Eustachius aufgeschaut. Sein Schicksal war ihnen Zeichen der Hoffnung, dass Gott uns in keinem noch so großen Unglück allein lässt, dass Gott auch hoffnungslose Verwicklungen wieder zum Heil wenden kann.

Äußere Schicksale können uns innerlich zerreißen. Es gibt aber auch die nach außen hin oft unscheinbaren Verletzungen aus der Lebensgeschichte. Da wurde eine Frau von nahen Verwandten sexuell missbraucht. Da war der Vater Alkoholiker und hat die ganze Familie tyrannisiert und ihr mit seiner Unberechenbarkeit Angst eingeflößt. Da sind die subtilen Entwertungen, unter denen viele Kinder leiden. Da sind die Verletzungen, wenn Kinder ohne Vater aufwachsen, oder wenn sie an Verwandte abgeschoben werden. Die Legende des hl. Eustachius will uns das Vertrauen schenken, dass wir uns mit all unseren Wunden an Gott wenden können, dass wir in Gott Hilfe finden können. Das Bild des Heiligen lässt uns darauf vertrauen, dass Gott sich auch um scheinbar hoffnungslose Schicksale kümmert, und dass er alles zum Guten wenden kann. Was wir zur Heilung unserer traumatischen Verletzungen beitragen können, ist die Geduld und das tapfere Aushalten. Wir dürfen uns selbst nicht aufgeben. Manchmal scheint sich alles gegen uns verschworen zu haben. Eine Frau wird von ihrem Mann verlassen, und kurz darauf verliert sie ihren Arbeitsplatz.

Sie meint, alles sei gegen sie. In solchen Situationen lehrt uns der hl. Eustachius auszuhalten, auch wenn wir den Sinn des Geschehens nicht verstehen. Wir können nur vertrauen, dass wir durch die Schwierigkeiten hindurch stärker werden und an Tiefe und Reife gewinnen.

Eustachius ist für viele zum Begleiter bei Eheproblemen geworden. In vielen Seelsorgegesprächen stehen die Beziehungsprobleme im Mittelpunkt. Offensichtlich wird es heute immer schwieriger, eine Beziehung auf Dauer in fairer und befruchtender Weise zu leben. Wir sind immer unfähiger, uns durch die Konflikte, die notwendigerweise in jeder Beziehung auftreten, verwandeln zu lassen. Zu schnell weichen wir dem schmerzlichen Wandlungsprozess aus und suchen uns eine neue Beziehung. Oder aber wir überfordern unsere Beziehungen durch zu hohe Erwartungen. Eheberater berichten, wie verfahren oft die Situationen in einer Ehe sind, sodass als Ausweg nur noch die Trennung übrig bleibt. In früheren Zeiten hat man sich bei Familien- und Eheproblemen des hl. Eustachius erinnert. In seiner Legende ist ein Weg erkennbar, wie mit den Schwierigkeiten in Ehe und Familie umgegangen werden kann.

Wenn wir die Bilder der Legende tiefenpsychologisch auslegen, kann uns vielleicht auch heute die

Gestalt des Eustachius ein Bild für gelungene Beziehung sein. Zunächst ist Placidus Jäger. Er will den Hirsch mit seinem Pfeil erlegen. Ein Pfeil ist Bild für die aggressive männliche Triebkraft, für eine Sexualität, mit der der Mann die Frau erobern, »erlegen« will. Der geistige und seelische Bereich in der Partnerbeziehung wird dabei nicht berücksichtigt. So eine einseitige Sexualität kann keine dauerhafte Beziehung ermöglichen. Placidus wird von dem Hirsch belehrt, dass er letztlich Christus nachjagt, dass Christus das Ziel seiner Sehnsucht ist. Der Hirsch ist Bild für die Einheit von Leib und Geist. Und er ist Bild für Christus. Letztlich sehnen wir uns in unserer Sexualität nach Transzendenz, nach dem Göttlichen. Und nur wenn unsere Sexualität offen ist für die Transzendenz, können wir sie menschlich angemessen und dauerhaft leben.

Aber zunächst erfährt Eustachius das Gegenteil. Er verliert seinen ganzen Besitz, seinen Status, seine Heimat. Das Alte trägt nicht mehr. Er kann nicht mehr von außen leben. Er wird konfrontiert mit seiner inneren Armut und Nacktheit. Frau und Kinder werden ihm geraubt, die Frau von einem falschen und herrschsüchtigen Mann, die Kinder von Raubtieren. Frau und Kinder sind immer ein Geschenk, dessen man sich nie sicher sein kann. Selbst das Ver-

trauen auf Gott schützt Eustachius nicht vor dem
Verlust von Frau und Kindern. Er muss erst den Weg
der Trauer gehen, auf dem er mit sich selbst konfrontiert wird. 15 Jahre muss er seinen Weg allein gehen, einen Weg des Dienstes und der Armut. Dann
erkennt ihn ein früherer Soldat an seiner Narbe. Das
vergangene Leben drückt sich in dieser Narbe aus.
Manche Wunden verheilen. Aber sie hinterlassen
Narben. Eustachius, seine Frau und seine Kinder
müssen erst jeder für sich ihren Weg gehen und sich
neu finden. Dann gibt es auch wieder ein neues Miteinander. Sie brauchen auf ihrem inneren Weg erst
die Distanz zur Familie, um sich selbst und dann auf
neue Weise die Familie zu finden. Als sie sich finden,
erzählen sie sich ihre Geschichte. Indem jeder von
sich erzählt, was er erlebt und durchgemacht hat,
finden sie auf neue Weise zusammen. Jetzt geht es
nicht mehr um Besitz und Ansehen, nicht mehr um
die christliche Vorzeigefamilie, wie sie in manchen
Pfarreien zu finden ist und die auch keine Garantie
bietet, dass sie immer zusammenhält. Nach all den
schmerzlichen Erfahrungen ist die Familie des Eustachius geläutert. Jetzt ist sie fähig zu einem neuen
Miteinander, zu einer neuen partnerschaftlichen Beziehung zwischen Mann und Frau, ohne den Schutz
von Besitz und gutem Ruf. Jetzt kann sie auch die

Kinder mit neuen Augen sehen, die in diesen 15 Jahren erwachsen geworden sind.

Als die Familie zu neuer Gemeinsamkeit gefunden hat, wird sie fähig, für etwas Größeres Zeugnis abzulegen, sich vor dem Kaiser zu Christus zu bekennen. Sie kreist nicht mehr um sich. Den einzelnen Familienmitgliedern ist es nicht mehr wichtig, dass sie sich miteinander wohl fühlen, sondern sie stellen sich gemeinsam in den Dienst Christi und bezeugen – jeder für sich und doch auch gemeinsam –, dass Christus die Mitte ihres Lebens ist. Die reife Familie sieht über das eigene Beziehungsgeflecht hinaus. Sie stellt sich gemeinsam in den Dienst einer Sache, die sie übersteigt. Wenn eine Familie ein gemeinsames Ziel hat, ein soziales Werk, einen Familienbetrieb, ein gemeinsames Engagement in Gesellschaft oder Kirche, den Glauben, den sie gemeinsam bezeugt, dann hält sie eher zusammen, als wenn sie immer nur um ihre Gefühle kreist und sie miteinander klären möchte. Die Meditation der Eustachiuslegende kann so einen Weg zeigen, mit den eigenen Beziehungskonflikten und mit der Familiensituation so umzugehen, dass Verwandlung und Heilung möglich ist, dass jeder ganz er selbst bleibt, und dass all die schmerzlichen Erfahrungen etwas Neues und Echtes hervorbringen können.

DER HEILIGE GEORG
Heilsame Aggression führt aus der Depression

Der hl. Georg ist in den ortho-
doxen Kirchen und in den Kirchen
des Westens gleichermaßen beliebt. Er ist zum
Symbol christlicher Tapferkeit geworden. Die Pfad-
finder haben ihn zum Patron erkoren, weil er ihnen
vorgelebt hat, treu, mutig und mit reinem Herzen
seinen Dienst zu tun. Georg war römischer Offizier
unter Kaiser Diokletian und starb um das Jahr 305
als Märtyrer.

Georg hatte der Legende nach den Rang eines
Obersten. Der Kaiser schätzte seine Tapferkeit.
Doch als der Kaiser anfing, die Christen zu verfolgen, trat ihm Georg mannhaft entgegen und machte
ihm heftige Vorwürfe. Der Kaiser ließ ihn in Ket-

ten legen und foltern. Aber je grausamere Foltern der Kaiser anwandte, desto zuversichtlicher wurde Georg. Dazu verheilten seine Wunden auf wunderbare Weise, weil Gott selbst ihm nachts zu Hilfe kam. Der Kaiser ließ ihn schließlich enthaupten.

Bekannt geworden ist Georg durch seine Begegnung mit dem Drachen. »Die Legende erzählt, dass Georg eines Tages aus Nikomedien in die Stadt Silene in Libyen kam. In der Nähe dieser Stadt hielt sich in einem großen Sumpf ein wüster Drache auf. Die Bewohner der Stadt fürchteten sich vor ihm sehr. Um ihn nicht zu reizen und um ihn von der Stadt fernzuhalten, brachten sie jeden Tag zwei Schafe zum Sumpf, die der Drache als Nahrung verzehrte. Als die Zahl der Schafe immer kleiner wurde, opferten sie dann jeden Tag nur mehr ein Schaf, gaben aber noch ein kleines Kind dazu. Als nach dem Los einmal auch die Tochter des Königs ausgeliefert werden sollte, wartete dieser eine ganze Woche lang, er konnte sich von seinem geliebten Kind nicht trennen. Schließlich blieb ihm aber doch nichts übrig, er gab seine Tochter her. Da kam gerade der heilige Georg dazu. Das Mädchen erzählte ihm von den schrecklichen Opfern, die dem Drachen gebracht werden müssten; wenn Georg sein Leben achte, solle er, bevor der Drache noch aus dem Sumpfe steige, flüchten und so sein Leben retten. Dazu konnte der Held sich nicht entschließen, im Gegenteil, er stürmte gegen den Drachen los und erschlug ihn nach einem heftigen Kampfe. So wurde die Königstochter und mit ihr die ganze Stadt gerettet. Die Folge war, dass der König und alle seine Untertanen den christlichen Glauben annahmen.« (Hildebrand 35)

Der Drache ist Bild des Dunklen und Schattenhaften in unserer Seele, er steht für das Verschlingende und das Dämonische. Es gibt einmal den Weg, den Schatten zu integrieren, wie es beispielsweise die Geschichte der hl. Margarete zeigt. Es gibt aber auch den Weg, den der hl. Georg verkörpert. Manchmal müssen wir das Ungeheuer, das aus dem Sumpf unseres Unbewussten aufsteigt, auch töten. Sonst würde es nicht nur unsere Schafe, sondern auch das Kind in uns vernichten. Es würde das Unverfälschte und Unberührte in uns verschlingen. Georg ist ein Bild für das Mannhafte in uns, das keine Angst hat vor dem Drachen, der aus den Tiefen unserer Seele emporsteigt. C. G. Jung sagt wiederholt, dass sich manche dämonischen Bilder aus dem kollektiven Unbewussten nicht integrieren lassen, dass man sie nur töten könne. Manches in uns muss herausgeworfen werden, sonst würde es uns verschlingen. Das können depressive Gedanken sein, die uns wie ein Sumpf nach unten ziehen. Das können mörderische Impulse sein oder destruktive Tendenzen. Georg zeigt uns, dass wir diesem Drachen in uns nicht hilflos ausgeliefert sind, sondern dass wir mit Gottes Hilfe dagegen kämpfen können.

Es gibt eine Verbindung zwischen verdrängten destruktiven Impulsen und der Depression. In der Depression richten wir oft unsere Aggressionen gegen uns selbst. Der hl. Georg ist Soldat. Er zeigt, wie wir in guter Weise mit unseren Aggressionen umgehen sollen. Ich erlebe bei frommen Menschen häufig, dass sie die zwei wichtigsten Lebensenergien verdrängt haben: die Aggression und die Sexualität. Wer die Aggression verdrängt, der braucht seine ganze Energie dazu, sich anzupassen, nach außen hin eine freundliche Fassade aufzubauen, sich und seine Emotionen zu beherrschen. Aber häufig richten diese Menschen dann ihre Aggressionen nach innen und werden depressiv. Die Depression zeigt uns oft, dass wir uns zu wenig nach außen hin abgegrenzt haben. Wir haben anderen zu viel Macht gegeben. Wir haben versucht, es allen recht zu machen. Nun fühlen wir uns überfordert und werden depressiv. Die Depression mahnt uns daher, wie der hl. Georg die Aggression in positiver Weise einzusetzen, uns gegen die Menschen zu wehren, die uns verschlingen oder vereinnahmen möchte. Der Drache ist häufig ein Bild für die verschlingende Mutter. Ihr gegenüber brauchen wir die männliche Kraft des hl. Georg, mit der wir uns abgrenzen und so fähig werden, den eigenen Weg zu gehen.

Die Depression ist aber nicht nur verdrängte Aggression. Oft steigt sie aus dem Sumpf des Unbewussten auf. Wir wissen nicht, woher sie kommt. Sie ist wie ein Sumpf, der uns nach unten zieht. Manchmal reagieren wir depressiv auf Verlusterfahrungen oder tiefe Verletzungen, auf Überforderung und Erschöpfung. Dann spricht man von reaktiver Depression. Es gibt aber auch eine endogene Depression. Sie hat eine körperliche Komponente. Sie überfällt uns von Zeit zu Zeit, ohne dass wir ein bestimmtes Ereignis dafür benennen könnten. Sie ist wie ein Sog, der uns mit sich zieht. Wir können uns kaum dagegen wehren. Der hl. Georg mit seiner Waffenrüstung und der Lanze in der Hand zeigt uns, dass wir nicht völlig wehrlos sind gegenüber solchen Depressionen. Wir haben die Waffe der Medikamente, die wir gezielt einsetzen sollen. Und wir sollen mit der eigenen männlichen Kraft in Berührung kommen. Wenn wir im Sumpf stecken bleiben, gehen wir unter. Der hl. Georg setzt sich auf das Pferd. Er integriert die Kraft seiner Vitalität und Sexualität.

Und er reitet dem Drachen entgegen. Wir sollen der Depression ins Gesicht schauen und ihr das entgegenschleudern, was wir haben: die Lanze unseres Geistes, die Waffen unserer männlichen Kraft, die in jedem von uns steckt, im Mann genauso wie in der Frau. Anstatt in der Depression zu versinken, sollen wir sie anschauen, mit ihr verhandeln, sie befragen, was sie uns sagen möchte. Und dann müssen wir Strategien entwickeln, damit sie uns nicht in den Griff bekommt. Im emotionalen Bereich werden wir weiterhin mit ihr kämpfen. Aber zum innersten Bereich hat sie keinen Zutritt. Da verwehren wir ihr mit unserer Aggression den Zugang und vertreiben sie. Wir brauchen Abstand zur Depression. Nur so können wir mit ihr umgehen, ohne von ihr verschlungen zu werden.

DER HEILIGE DIONYSIUS
Kopfweh als Warnsignal

Der hl. Dionysius ist der Schutz-
patron Frankreichs. Er war Bischof von Paris. Dionysius wurde
285 während der Christenver-
folgung auf dem Montmartre
enthauptet. König Dagobert ließ seine Reliquien in
die Kirche der Abtei Saint-Denis übertragen. Dort
wurden künftig alle Könige Frankreichs begraben.
Dargestellt wird Dionysius mit dem abgeschlagenen
Kopf in der Hand. Dionysius – oder wie die Fran-
zosen sagen: St. Denis – gilt daher als Nothelfer bei
Kopfweh.

Die Legende erzählt, dass Dionysius Apostel-
schüler war und nach Jerusalem gepilgert ist, um
Maria, die Mutter Jesu, zu sehen. Ihre Schönheit
nahm ihn ganz gefangen. Nach dem Tod der Apostel

Petrus und Paulus kam er nach Rom und wurde vom Papst als Missionar nach Gallien geschickt. In Paris bekehrte Dionysius viele zum Glauben an Christus. Wenn Feinde ihn vernichten wollten, legten sie ihre Waffen nieder, weil sie von seinem Anblick so fasziniert waren. Der Teufel war neidisch auf ihn und verklagte ihn vor dem römischen Präfekten, der ihn gefangen nehmen und schließlich enthaupten ließ. Dionysius nahm seinen abgeschlagenen Kopf in beide Hände und trug ihn zwei Meilen weit zu dem Ort, an dem er bestattet sein wollte. Eine fromme Frau sah ihn gehen und bestattete ihn dort, wo er selbst es angezeigt hatte.

Zwei Bilder aus der Legende sind für mich wichtig. Da ist der Besuch bei Maria in Jerusalem, von deren Schönheit Dionysius fasziniert ist. Der Heilige nimmt das Bild der schönen Frau so sehr in sich auf, dass nun auch sein Antlitz Schönheit ausstrahlt. Seine Feinde sind von seinem Anblick so angetan, dass sie die Waffen aus der Hand legen. Sie können seiner Schönheit nicht widerstehen. Offensichtlich hat Dionysius in der Begegnung mit Maria seine anima integriert. Das hat ihn zum ganzen Menschen und zu einem schönen Menschen werden lassen. Dionysius hat auch dann seinen Kopf nicht verloren, als man ihn enthauptet hat. Es ist immer noch ein schöner Kopf, den er da vor sich hinhält. Und Dionysius ist nach seiner Enthauptung noch die zwei Meilen dorthin gegangen, wo er selbst begraben sein wollte. Selbst die ihn töten, haben keine Macht über ihn. Er geht seinen eigenen Weg. Und er sucht sich sein Grab aus. In der Antike war es nicht unbedeutend, wo man begraben wurde. Über dem Grab der ersten Christen wurden Kirchen – oder wie bei Dionysius – ein Kloster gebaut. Das Grab wird zum Erinnerungsmal an den Sieg des Märtyrers über den Tod und zum Zeichen der Auferstehung. Es waren gerade die Gräber der Märtyrer, die in der frühen Kirche zu Wallfahrtsorten wurden. Man ist dorthin gepilgert und hat seine Taschentücher auf das Grab gelegt, um etwas von der heilenden Kraft des Heiligen für sich zu gewinnen.

Wegen des Bildes des abgeschlagenen Kopfes gilt Dionysius als Nothelfer bei Kopfweh und Kopfkrankheiten. Es scheint auf den ersten Blick ein sehr oberflächlicher Grund zu sein. Wenn der Kopf abgeschlagen ist, kann er keine Schmerzen mehr empfinden. Doch für mich hat die Verehrung des Heiligen als Nothelfer für Kopfweh und Migräne eine tiefere Bedeutung. In dem Bild des vor sich gehaltenen Kopfes liegt ein Weg, mit Kopfschmerzen umzugehen. Kopfweh kommt ja oft dadurch zustande, dass wir uns selbst unter Druck setzen, dass wir uns zu viel aufbürden, dass wir zu sehr im Kopf sind und uns mit Grübeleien den Kopf zermartern. Der typische Spannungskopfschmerz tritt häufig »in Lebenssituationen auf, in denen der Mensch unter starkem Leistungsdruck steht oder in kritischen Aufstiegssituationen, die ihn zu überfordern drohen« (Dethlefsen 217). Da steigt einem der Ehrgeiz in den Kopf. Man möchte mit dem Kopf durch die Wand. Der Kopf ist unser sensibelster Warner. Er reagiert sofort mit Schmerzen, wenn unser Denken falsch ist, wenn wir uns den Kopf mit unnötigen Grübeleien zerbrechen. Kopfweh weist uns darauf hin, dass unser Denken nicht stimmt, dass wir unser Denken zu sehr von Ehrgeiz und Perfektionismus bestimmen lassen. Der Perfektionismus muss abgeschnitten werden, damit wir unseren Kopf wieder frei bekommen, damit wir wieder richtig denken können.

Es gibt heute immer mehr Menschen, die an Migräne leiden. Migräne hat viele Ursachen. Manche reagieren auf bestimmte Speisen mit Migräne. Eine Umstellung der Ernährung hilft ihnen, von den Anfällen frei zu werden. Manchmal wird Migräne durch Stress ausgelöst, manchmal durch unterdrückte Konflikte oder verdrängte Wut. Manche

reagieren auf Kritik mit Migräne. Oft sind Migränepatienten perfektionistisch und ehrgeizig, und
sie unterdrücken jede Feindseligkeit. Das alles setzt
sich dann im Kopf fest und wird zu einem unerträglichen Schmerz. Dionysius nimmt seinen Kopf in
die Hand. Er hält ihn vor sich hin. Er sieht ihn
an und drückt ihn an sein Herz. Damit beschreibt
die Legende, wie wir mit Kopfschmerzen umgehen
können. Wir sollen nicht unterdrückte Wut und die
Angst vor Kritik in den Kopf hineinpressen, sondern wir sollen den Kopf anschauen mit all den
Gedanken und Gefühlen, die darin herumschwirren.
Wir brauchen Abstand zu unseren Gedanken und
Grübeleien. Aus der Distanz betrachtet verlieren die
Gedanken an Schärfe. Sie setzen sich nicht mehr fest
in unserem Kopf. Und wir sollen diese Gedanken
an unser Herz halten, barmherzig damit umgehen.
Wir sollen Kopf und Herz miteinander verbinden,
damit wir nicht kopflastig werden. Wir sollen mit
dem Herzen denken und nicht alleine mit dem Kopf.
Zumindest sollen wir unsere Gedanken auch durch
das Herz strömen lassen. Das filtert sie und nimmt
ihnen das Stechende.

So zeigt uns der hl. Dionysius, wie wir mit unseren Kopfschmerzen umgehen sollen. Es genügt
nicht, Gott einfach nur darum zu bitten, dass er

mich von meinem Kopfweh befreien möge. Ich muss wie Dionysius meinen Kopf in die Hände nehmen, Abstand gewinnen zu all dem, was ihn belastet und ihn füllt. Ich muss den Kopf ans Herz drücken, den Verstand durch die Liebe läutern und ihn dann vor Gott hinlegen, damit Gott mich von dem inneren Druck befreien möge, den ich mir selbst auferlege.

Noch ein Zug in der Legende ist für den Umgang mit Kopfweh von Bedeutung. Wenn seine Feinde mit Waffen gegen Dionysius auszogen, dann legten sie sofort ihre Wildheit ab, wenn sie sein leuchtendes Antlitz sahen. Die Klarheit und innere Schönheit des Heiligen hielten seine Feinde ab, gegen ihn zu wüten. Wenn wir von Christus durchdrungen sind, wenn seine Klarheit uns durchstrahlt, dann haben die Aggressionen, die von außen auf uns einströmen, keine Chance, in uns einzudringen. Dann können sie sich nicht festsetzen in unserem Kopf. Dann können wir bei Diskussionen unseren Kopf hinhalten, ohne die negativen Emotionen der anderen in uns eindringen zu lassen. Wenn wir Christus in all unsere Gedanken und Gefühle hineinhalten, dann klären sie sich auf. Dann können uns die ungeklärten und unterdrückten Emotionen nicht mehr martern.

DER HEILIGE CYRIAKUS
Die Macht der Zwänge brechen

Cyriakus erlitt um das Jahr 309 unter Diokletian den Martertod. Sein Fest wird am 8. August gefeiert. »Cyriakus« heißt: »dem Herrn gehörig«. Er wird dargestellt als jugendlicher Diakon mit einem gefesselten Dämon. Manchmal liegt der Teufel oder Drache gekrümmt unter den Füßen des Heiligen, manchmal hält ihn der Heilige am Strick. Meistens trägt er das Buch, das wohl als Exorzismusbuch gedacht ist.

Die Legende erzählt, dass der Diakon Cyriakus von einem reichen Mann zu den Zwangsarbeitern gesandt wurde, die beim Bau der diokletianischen Thermen in Rom eingesetzt waren. Er sollte ihnen helfen und ihr grausames Los lindern. Cyriakus nahm den Arbeitern ihre Lasten ab und ermunterte sie. Die Aufseher staunten darüber und meldeten es dem Regenten Maximian. Der ließ ihn ins Gefängnis werfen. Als einige Blinde in den Kerker kamen, heilte sie Cyriakus, indem er den Namen Christi anrief. Die Tochter des Kaisers Diokletian war vom bösen Geist besessen. Als der Kaiser von dem Wunder hörte, das Cyriakus an den Blinden gewirkt hatte, ließ er ihn kommen, um das Mädchen zu heilen. Cyriakus befahl dem Teufel, aus dem Mädchen auszufahren. Da bekannte es ihren Glauben an Christus, und Cyriakus taufte es. Der Kaiser staunte über dieses Wunder. Aber er verschloss sich dem Glauben. Immerhin ließ er den Cyriakus in Frieden. Als aber Maximianus dem Kaiser Diokletian in der Regierung folgte, ließ er Cyriakus vor den Richterstuhl bringen. Als der Diakon sich weigerte, den Göttern zu opfern, ließ er siedendes Pech über sein Haupt gießen. Aber das konnte ihm nicht schaden. So ließ er Cyriakus schließlich nach vielen Foltern enthaupten.

Cyriakus ist vor allem Helfer bei Besessenheit, weil er die besessene Tochter des Kaisers geheilt hatte. Viele meinen, Besessenheit sei eine typische Krankheit abergläubiger Zeiten. Aber es gibt heute viele Menschen, die besessen sind von fixen Ideen, von fanatischen Vorstellungen, von Ängsten und

Zwangsvorstellungen. Sie leiden unter ihren Zwängen. Aber sie können nicht anders, als ihre Zwänge zu erfüllen. Der eine steht unter dem Zwang, sich ständig zu waschen, sobald er einen Türgriff angefasst hat. Der andere muss zehnmal zur Haustüre gehen, um zu kontrollieren, ob sie wirklich verschlossen ist. Ein anderer ist besessen von seiner Angst, er könnte Krebs bekommen oder mit dem Auto verunglücken. Wieder ein anderer ist beherrscht von seinen Emotionen, die er nicht loswerden kann, von Verletzungen, die ihn völlig in Beschlag nehmen. Die Therapeuten nehmen heute ein Ansteigen von Zwängen wahr. Zwänge sind oft schwer zu therapieren. Es braucht einen langen Weg, um von solchen Zwängen frei zu werden. Denn hinter den Zwängen verstecken sich oft Ängste. Aber diese Ängste sind unklar. Man weiß oft nicht, woher sie kommen und worauf sie sich richten.

Der hl. Cyriakus gibt uns Anregungen, wie wir mit unseren Zwängen umgehen und davon frei werden können. Cyriakus befreit die Tochter des Diokletian von ihrer Besessenheit, indem er den Namen Christi anruft und dem Teufel befiehlt, das Mädchen in Ruhe zu lassen. Es braucht eine andere Macht, um sich von fremden Mächten zu befreien. Es braucht die Beziehung zu Gott, um mich von Götzen loszusagen. Es braucht die Nähe zu Jesus Christus, um die Nähe destruktiver Gedanken und Gefühle zurückzudrängen. Der erste Weg, den Cyriakus uns weist, ist der klare Befehl an den Zwang, er solle uns frei lassen. Der Zwang lässt sich nicht so leicht vertreiben. Zwangsgedanken werden immer wieder in uns auftauchen. Wenn der Gedanke kommt, ich müsse nochmals die Tür kontrollieren, ob sie schon abgeschlossen sei, dann kann der aggressive Befehl helfen: »Schluss damit. Ich habe sie abgeschlossen. Ich gehe nicht mehr nach unten, um nachzusehen. Wenn die Unsicherheit bleibt, ob sie wirklich abgeschlossen ist, dann vertraue ich mich mit der offenen Türe der schützenden Hand Gottes an.«

Den zweiten Weg, mit unseren Zwängen umzugehen, zeigt uns das Bild des Heiligen. Cyriakus wird oft dargestellt, wie er einen Dämon lässig am Band hält und spielerisch mit ihm umgeht. Manchmal hilft es, spielerisch mit seinen Zwängen umzugehen. Ich nehme den Zwang wahr und kämpfe nicht dagegen. Ich spiele mit ihm. Ich kann ja nochmals bewusst nach unten gehen und die Tür kontrollieren. Ich spiele damit. Dann stehe ich nicht unter dem Zwang. Ich mache ein Ritual daraus und fühle mich frei dabei. Es ist mein Ritual, vor dem Schlafengehen nochmals nachzusehen, ob die Tür geschlossen ist.

Das ist kein Zwangsritual, sondern ein Ritual, das ich mir freiwillig schaffe, um mit meiner Angst umzugehen. Sigmund Freud hat schon erkannt, dass Rituale die diffusen Ängste zu bannen vermögen, die uns oft heimsuchen. Er kennt zwar auch Zwangsrituale. Aber in ihrer positiven Bedeutung können Rituale uns von der Angst befreien, die nach unserem Herzen greift.

Wenn ich wie Cyriakus dem Herrn gehöre, dann haben fremde Kräfte keine Macht über mich, dann gehöre ich nicht einem Menschen, der mich besetzen kann. Cyriakus heilt im Gefängnis blinde Menschen. Das regt den Kaiser an, seine Tochter von ihrem Dämon zu befreien. Besessenheit und Blindheit gehören hier offensichtlich zusammen. Besessenheit macht blind für die wahre Wirklichkeit. Ich sehe alles nur durch die Brille meiner fixen Ideen, meiner trüben Emotionen, meiner Zwänge. Ich kann die Wirklichkeit nicht mehr erkennen, wie sie ist. Besessenheit kann aber auch mit der Vaterbeziehung zusammenhängen. Eine Tochter kann ganz und gar besetzt sein von ihrem Vater. In der Legende ist der Kaiser ihr Vater. Es ist also offensichtlich ein mächtiger Vater, neben dem die Tochter keine Chance hat, ihr eigenes Leben zu leben. Wenn sie Christus gehört, dann gehört sie dem Urheber des Lebens, dem Anführer ins Leben, dann wird Christus sie zum Leben führen.

Es gibt heute viele Menschen, die besetzt sind von ihrem Vater oder ihrer Mutter. Sie haben sich nicht von ihrem machtvollen Einfluss gelöst. Da ist ein Mann, der immer noch besetzt ist von seiner Mutter, die ihm den Vater verteufelt und ihm daher jede Möglichkeit geraubt hat, seine eigene Männlichkeit zu entfalten. Da ist eine Frau, die sich zwar gegen ihre skrupulöse Mutter gewehrt hat, die aber unbewusst trotzdem von der ängstlichen Enge der Mutter bestimmt wird. Da ist eine Frau, die immer noch dem Vater hörig ist und ihn bewundert. So ist sie unfähig, eine wirkliche Beziehung zu einem Mann aufzubauen. Da sind Männer und Frauen, die in einer Symbiose mit ihrer Mutter leben und so nicht in Berührung kommen mit ihrem eigenen Sein. Cyriakus ist ein Bild dafür, dass Gott uns befreien möchte von der Besessenheit durch ein negatives Vater- oder Mutterbild. Gott möchte, dass wir unser eigenes Leben leben, dass wir das Bild verwirklichen, das Gott sich von uns gemacht hat. Indem Cyriakus die Tochter des Kaisers tauft, prägt er ihr das Bild Christi ein und befreit sie von den Bildern, die der Vater ihr übergestülpt hat. Wenn uns Christus eingeprägt wird, dann kommen wir in

Berührung mit unserem ureigensten und einmaligen Bild, das Gott in uns und durch uns in dieser Welt darstellen möchte.

DIE HEILIGE KATHARINA
Scheitern als Aufruf zum
Neubeginn

Katharina heißt »die Reine«, die in sich
klar und lauter ist. Die hl. Katharina
war eine Königstochter von schönem
Aussehen. Da sie ihre Eltern schon früh
verloren hatte, lebte sie allein mit Dienern in ihrem
Palast. Sie war in allen Künsten und Wissenschaften
sehr gut ausgebildet. Sie besaß also zugleich Reich-
tum, Schönheit und Weisheit. Ein Einsiedler hatte
sie in der Lehre Christi unterwiesen und getauft.
Als der Kaiser Maxentius in die Stadt kam und die
Christen vor die wilden Tiere warf, trat Katharina
ihm öffentlich entgegen und machte ihm heftige
Vorwürfe. Der Kaiser war von der Schönheit und
Klugheit der jungen Frau sehr angetan. Er ließ 50
Philosophen kommen, um Katharina zu widerlegen.

Doch Katharina überwand sie alle. Und viele von ihnen ließen sich taufen. Da befahl der Kaiser, sie alle auf dem Scheiterhaufen zu verbrennen. Katharina ließ er mit Ruten schlagen und schwer verwundet in den Kerker schaffen. Aber Christus und seine Engel pflegten sie. Als die Kaiserin die Gefangene in der Abwesenheit ihres Mannes heimlich nachts besuchte, wunderte sie sich, dass diese in leuchtendes Licht getaucht war. Katharina überzeugte sie so sehr vom christlichen Glauben, dass die Kaiserin sich taufen ließ. Nachdem der Kaiser von seiner Reise zurückgekommen war, wunderte er sich, dass Katharina genauso blühend aussah wie zuvor. So befahl er, dass man vier Eisenräder fertigte, mit spitzen Nägeln daran. Mit denen sollte sie zu Tode geschleift werden. Doch ein Engel kam und zerstörte das Räderwerk. Der Kaiser war wütend und befahl, Katharina zu enthaupten. Aus ihrem Leib floss kein Blut, sondern Milch. Ihr Leichnam wurde von Engeln aufgenommen und zum Berg Sinai getragen, dorthin, wo Mose vor dem brennenden Dornbusch gestanden hatte.

Das zerbrochene Rad, mit dem Katharina dargestellt wird, kann verschiedene Bedeutungen haben. Einmal ist es ein Bild des Sonnenrads und des göttlichen Lichts der Sonne. Katharina, die reine Frau, ist Tochter der Sonne. Sie zeigt, dass die gött-

liche Sonne alles in uns erleuchten kann. Das Rad
kann auch ein Bild für das Spinnrad sein, das ein At-
tribut der Göttin Freya war. Deren Fest beging man
am 25. November, dem späteren Katharinen-Tag.
Freya ist die germanische Liebesgöttin. Das Rad
zeigt uns, dass Gott unsere Fäden in den Händen
hält, und dass es ein guter, ein mütterlicher Gott ist,
auf den wir vertrauen dürfen. Am Fest der Freya
durfte man kein Spinnrad treiben. »Am Katreinen-
Tag darf kein Rad rundgehen«, sagt der Volksmund.
Der 25. November leitet schon zum Advent über.
Das alte Rad hat sich zu Ende gedreht. Das Rad kann
aber auch ein Bild für das Todesrad sein, für das Auf
und Ab, das unser Dasein bestimmt. Das zerbrochene Rad wiederum ist ein Zeichen dafür, dass wir frei
geworden sind von der Anbindung an das Rad des
Todes. Engel zerstören wie bei Katharina auch bei
uns das Rad der Gebundenheit und führen uns in
die Freiheit Christi. Sterbende dürfen mit Katharina
darauf vertrauen, dass ihr Schicksalsrad durch die
göttliche Hilfe durchbrochen wird. Niemand, so
sagt uns dieses Symbol, hat mehr Macht über uns.
Unser Rad wird in Gott hinein vollendet.

Die Wunde, für die das Bild der hl. Katharina
Heilung verheißt, könnte man als zerbrochene Lebenspläne bezeichnen. Viele haben das Gefühl, ihr

Lebenswerk sei zerbrochen, ihre Pläne gescheitert. Das zerbrochene Rad der hl. Katharina deutet uns unsere zerbrochenen Lebenspläne. Ein Engel Gottes selbst hat sie zerbrochen, damit wir nicht Sklaven unserer eigenen Pläne bleiben, sondern immer wieder neu das erfüllen, was Gott heute von uns will und was uns heute zum Heil dient. Auch das Gebrochene und Zerbrochene gehört zu uns. So stellt es die Kunst im Bild der hl. Katharina dar. Gerade durch das Zerbrechen unserer Vorstellungen kann wahre Weisheit wachsen, die Einsicht in das Geheimnis unseres Lebens, so wie Gott es konzipiert hat. Viele meinen, wenn ihr Lebensplan zerbrochen sei, wären sie gescheitert. Sie machen sich Vorwürfe, dass sie vieles falsch gemacht hätten. Das Bild der hl. Katharina weist in eine andere Richtung. Es ist ein Engel selbst, der unser Lebensrad zerbrochen hat. Wenn es immer weitergerollt wäre, wäre es für uns der sichere Tod gewesen. Wenn wir immer so weitergemacht hätten, wie bisher, hätten wir die Beziehung zu uns selbst verloren. Nach außen wäre vielleicht alles in Ordnung geblieben. Aber innerlich wären wir zerbrochen. Da muss ein Engel kommen, um unser Lebensrad zu zerbrechen. Gerade dort, wo wir unsere Pläne zerbrechen, können wir weise werden. Weisheit kommt von Wissen und das wiederum von Schauen. Wenn unsere Lebenspläne zerbrechen, sehen wir tiefer. Da blicken wir auf einmal durch. Wir sehen auf den Grund. Wir erkennen, worum es wirklich geht in unserem Leben. Wir entdecken unsere wahre Gestalt: das einmalige Bild, das Gott sich von uns gemacht hat. Katharina will uns einweihen in das Geheimnis unseres Lebens, das gerade durch Gebrochenheit hindurch hineinwächst in die Gestalt wahrer Schönheit, in die ursprüngliche und unverfälschte Gestalt, in die Gott uns hineinformen möchte.

Ein anderes Bild ist die Milch, die aus Katharina fließt. Milch ist nicht nur Nahrung für den Leib, sondern auch für die Seele. Sie bedeutet Unsterblichkeit. In der Antike spielte die Milch eine wichtige Rolle bei der Einweihung in die Mysterien. Im Christentum wurde sie Neugetauften bei der ersten Eucharistie gereicht. In Sagen und Legenden ist die Verwandlung von Blut in Milch Erweis der Unschuld des Hingerichteten und zugleich Zeugnis für die Reinheit und Keuschheit eines Menschen. Die Milch ist mütterliche Gabe. Erich Neumann, der Schüler C. G. Jungs, meint, die Milch sei ein Bild für das Große Weibliche, für die nährende Dimension und zugleich für die Sophia, die Weisheit. Milch hat immer mit Wandlung zu tun. Die Milch, die aus Katharinas Leib fließt, ist ein Zeichen dafür, dass der Mensch zu einer nährenden Quelle für andere wird, wenn er sich wie Katharina an Gott bindet, dass er andere zur Weisheit führen kann, wenn er sich vom Geist Gottes durchströmen lässt. Und sie ist Zeichen dafür, dass uns Katharina, die reine und für Gott ganz und gar durchlässige Frau, einführt in das Geheimnis Gottes, in das Geheimnis der göttlichen Liebe. Die Milch fließt aus der Wunde der Heiligen. Das ist auch für uns ein tröstliches Bild. Dort, wo wir verwundet sind, wo etwas in uns zerbrochen ist, entdecken wir, was uns wahrhaft nährt. Und wir werden selber Worte finden wie die hl. Katharina, die für andere zur Nahrung werden.

In Münsterschwarzach gibt es seit 1992 das Recollectio-Haus – eine therapeutische Einrichtung für Priester und Ordensleute. Als ich dort einmal am Fest der hl. Katharina predigte und das Bild des zerbrochenen Lebensrads auslegte, hat dies einige der Teilnehmer des damaligen Kurses tief berührt. Das Bild der Heiligen ließ sie ihre eigene Brüchigkeit in einem neuen Licht sehen. Sie verstanden, dass ihnen gerade aus dem Brüchigen und Zerbrochenen ihres Lebens neue Weisheit zuwuchs. Sie hörten auf, sich selbst Vorwürfe zu machen oder sich zu bedauern, dass in ihrem Leben etwas schiefgelaufen war. Ich

selbst spürte beim Predigen, wie aktuell die Gestalt
der hl. Katharina ist. Sie zeigt uns eine Weisheit, die
tiefer ist als das viele psychologische oder theologi-
sche Wissen, das wir uns aneignen. Die Weisheit der
hl. Katharina ist nicht eine Weisheit des Kopfes, sondern des Herzens, keine männliche Weisheit, sondern die Weisheit einer Frau, die aus der Seele, der
»anima« kommt. Und es ist eine Weisheit, die uns
nährt. Wenn wir unser Leben mit seinen Brüchen
im Licht der hl. Katharina anschauen, dann werden
wir wirklich weise, dann gehen uns die Augen auf,
und wir erkennen das Geheimnis menschlichen Lebens und das Geheimnis Gottes. Letztlich ist es die
Weisheit des Kreuzes, an die uns Katharina erinnert.
Jesus ist für den Evangelisten Lukas die Erfüllung
griechischer Sehnsucht nach wahrer Weisheit. Aber
diese Weisheit offenbart sich gerade im Kreuz, da
alle menschlichen Vorstellungen eines heilen Lebens
zerbrochen und aufgebrochen werden für die göttliche Weisheit.

DIE HEILIGE MARGARETE
Den Schatten integrieren

Margarete bedeutet eigentlich
»Perle«. Margarete steht für das Bild eines Menschen, der die kostbare Perle gefunden
hat, der in Berührung ist mit dem unverfälschten
Bild, das Gott sich von dieser Frau oder diesem
Mann gemacht hat. Die Geschichte der hl. Margarete zeigt, wie auch unser Weg der Selbstwerdung
gelingen kann.

Margarete war die Tochter eines heidnischen
Priesters in Antiochia an der syrischen Mittelmeer-
küste. Nach dem frühen Tod der Mutter wurde sie
von einer christlichen Amme erzogen. So wurde
Margarete selbst Christin. Als sie herangewachsen
war, bekannte sie ihrem Vater gegenüber, dass sie an
Christus glaube. Vor dem Wüten des Vaters floh sie

zu ihrer Amme und hütete dort deren Schafe. Als der Präfekt Olybrius vorbeiritt, war er von Margaretes Schönheit hingerissen und begehrte sie zur Frau. Sie weigerte sich und bekannte sich zu Christus. Der Präfekt ließ sie ins Gefängnis werfen und brutal foltern. Mit eisernen Kämmen riss man ihr das Fleisch vom Leib. Aber in der Nacht kamen Engel und heilten Margaretes Wunden, sodass sie noch schöner und blühender wurde als zuvor. Als sie in der Nacht von Angst und Schmerzen gepeinigt wurde, erschien vor ihr ein gräulicher Drache und wollte sich auf sie stürzen. Margarete schlug das Zeichen des Kreuzes über das Untier. »Dann packte sie es mutig und warf es zur Erde nieder und setzte den Fuß auf seinen Scheitel. Der Teufel in der Gestalt des Drachens aber schrie laut: ›Weh mir, nun bin ich von einer schwachen Jungfrau überwunden worden‹ – und verschwand alsbald. Und mit einem Mal wurde ihr Gefängnis von einem wunderbaren Licht durchstrahlt, das gab ihr himmlische Kraft und sie war getrost.« (Melchers 447) Nach neuen Qualen, die ihr der Präfekt zufügte, wurde sie schließlich enthauptet. Vor ihrem Tod kniete sie nieder und betete zu Gott für alle, die später in eine ähnliche Not geraten würden.

Wenn Margarete dargestellt wird, wie sie einen

Drachen am Band spazieren führt oder gar auf ihm reitet, dann ist das durch die Legende nicht gedeckt. Die Kunst hat die Legende weiter ausgedeutet. Sie hat in diesem Bild einen anderen Weg der Schattenbewältigung dargestellt, als wir sie beim hl. Georg beobachten können. Der Schatten wird nicht getötet, sondern integriert. Er wird gezähmt. Auf diese Weise dient er der Heiligen. Sie kann auf ihm reiten. Sie bekommt einen größeren Horizont. Sie erhält durch ihn neue Kraft. Der Schatten wird für sie zu einer Quelle neuer Energie. Das ist ein schönes Bild für die menschliche Selbstwerdung. Es gibt das Dunkle, das wir aus uns herauswerfen und töten müssen. Es gibt aber auch den Schatten, mit dem wir uns anfreunden sollten. Wir müssen uns anfreunden mit der verdrängten Aggression. Dann dient sie dazu, uns besser abzugrenzen und für uns zu sorgen. Wir müssen uns aussöhnen mit der verdrängten Sexualität. Dann wird sie für uns zu einer Quelle der Fruchtbarkeit und Lebendigkeit. Der Schatten entsteht dadurch, dass wir einen Pol unseres Lebens vernachlässigen, entweder aus Angst, weil er unserem Idealbild nicht entspricht, oder einfach, weil wir von dem anderen Pol so fasziniert sind, etwa vom Pol unseres Verstands oder unseres Willens. Jeder von uns hat einen Schatten, weil wir nie immer alles zugleich leben können. Aber spätestens in der Lebensmitte ist es unsere Aufgabe, den Schatten zu integrieren, das bisher vom Leben Ausgeschlossene anzuschauen und ihm angemessen Rechnung zu tragen. Die Integration des Schattens bereichert uns, befreit uns von Einseitigkeit und führt uns zur Ganzheit. Sie macht uns gelassen und frei. Wir brauchen unsere Energie nicht mehr dazu, um das Verdrängte unter Verschluss zu halten und den Schatten vor anderen zu verbergen. C. G. Jung nennt den Schatten auch das persönliche Unbewusste. Dem setzt er das kollektive Unbewusste gegenüber, in dem Bilder und Symbole der Menschheitsgeschichte gespeichert sind. Hier gibt es auch gefährliche Bereiche, dämonische Bilder, vor denen man sich schützen muss. Da bedarf es der Kraft eines Georgs in uns, um diesen Drachen zu töten.

Den Schatten zu integrieren heißt nicht, ihn auszuleben. Die Schattenseiten wollen erst einmal berücksichtigt werden. Je brutaler sie auftreten, desto mehr zeigen sie, dass wir sie verdrängt haben. Häufig erscheint der Schatten im Traum. Wenn wir im Traum andere Menschen töten, dann zeigt das, dass wir unsere Aggression bisher völlig unterdrückt haben. Daher äußert sie sich im Traum auf eine Weise, die wir in der Realität nie leben dürfen. Aber wir sollen vor solchen Träumen nicht erschrecken. Sie mahnen uns nur, unsere verdrängte Aggression auf angemessene Weise zu leben. Der Schatten zeigt sich im Traum oft in dem, was uns verfolgt. Wenn ein Mann uns verfolgt, ist es eine Seite des animus, den wir nicht integriert haben. Eine Frau, die uns bekämpft, steht für die verdrängte anima. Wenn Tiere uns verfolgen, verweisen sie uns auf die Triebkräfte, die zu wenig integriert sind.

Margarete wurde von vielen Frauen als Helferin in der Not gesehen: Gebärende Mütter haben mit ihr um eine glückliche Geburt gebetet; Frauen, die an Kinderlosigkeit litten, haben im Blick auf die Heilige Hoffnung geschöpft, dass ihre Unfruchtbarkeit geheilt werde. Viele Frauen haben sich offensichtlich von Margarete verstanden gefühlt. Und sie haben gehofft, durch das Beispiel dieser Heiligen ihr eigenes Frausein zu bejahen. Die Betrachtung des Lebens der hl. Margarete war für sie eine Hilfe, ihre Sehnsüchte und Ängste als Frauen vor Gott zu bringen und sich verstanden zu fühlen. In Margarete sahen sie sich selbst dargestellt. Und indem sie sie anschauten, fühlten sie sich geschützt vor aller männlichen Gewalt, die der Heiligen nichts anhaben konnte. Männer konnten die hl. Margarete noch so brutal foltern und verletzen, in der Nacht kamen immer wieder die Engel und heilten ihre Wunden, sodass sie schöner aussah als zuvor.

Das Thema der sexuellen Gewalt und Vergewaltigung ist heute ja neu ins Bewusstsein gehoben worden. Es gibt sowohl in der Ehe wie außerhalb oft körperliche und psychische Gewalt. Da reißen brutale Männer der Frau wirklich das Fleisch vom Leib, wie es in der Legende der hl. Margarete erzählt wird. Aber sie können ihr nichts anhaben. Denn die Engel stellen sie nachts wieder her und geben ihr ihre unantastbare Würde und Schönheit wieder. Trotz aller innerer und äußerer Verletzungen bleibt Margarete in ihrem Kern unverletzt. Das hat seit jeher Frauen fasziniert, und sie schöpften in der Verehrung der hl. Margarete Hoffnung, dass auch sie mit ihrem unverletzten Kern in Berührung kommen und mit den Engeln, die sie der Macht brutaler Männer entreißen und ihre Wunden heilen. Männer können sie weder physisch noch psychisch so verletzen, dass sie ihnen ihre Würde rauben können. Auch wenn Entwertungen sie tief ins Herz treffen, so wissen sie doch, dass es in ihnen einen Raum gibt, in dem sie kein Wort, keine Verachtung, keine Beschimpfung verletzen kann, einen Ort in ihnen, an dem sie unverletzt bleiben, an dem ihre Würde unantastbar ist.

DIE HEILIGE BARBARA
Von Erwartungen anderer frei
werden

Die hl. Barbara ist eine im Volk sehr
beliebte Heilige. Helferin war sie vor
allem für die Sterbenden und als Trösterin für die Gefangenen. Sie wurde
im Jahre 306 enthauptet. Am Fest der hl. Barbara,
am 4. Dezember, stellt man seit alters Kirschzweige
ins Wasser, die dann zu Weihnachten erblühen. Sie
ist eine Botin der Hoffnung in der Adventszeit. Sie
möchte auch unser Leben mitten im Winter zur
Blüte bringen. Mitten in der Kälte unserer Zeit will
uns Barbara dran erinnern, dass Gottes Milde und
Güte unser Herz erwärmen und neues Leben in uns
wecken möchte.

Die Legende der hl. Barbara ist voller Symbolik.
Barbara heißt vom Wort her »Ausländerin, Frem-

de«. Sie gehört nicht dieser Welt an, sie stammt von jenseits, von der himmlischen Welt. Sie ist fremd in dieser Welt. Sie lässt sich nicht in die Maßstäbe dieser Welt pressen. Als Fremde ist sie zugleich die freie und unverstandene Frau. Es bleibt in ihr ein Geheimnis, das wir nicht verstehen können. Sie verweist uns auf das Geheimnis Gottes, der uns immer auch fremd und unverständlich bleiben wird. Und sie gibt uns Mut, das Fremde und Unbekannte in uns selbst anzuschauen und anzunehmen. Wir werden nur dann heilig, heil und ganz, wenn wir uns auch dem Fremden und Unbewussten in uns stellen. Auf dem Weg der Selbstwerdung werden wir immer wieder auf das in uns gestoßen, was wir nicht verstehen. Es zu integrieren, dazu lädt uns Barbara ein.

Barbara ist die Tochter eines wohlhabenden Griechen. Da die Tochter sehr schön ist, sperrt sie der Vater in einen Turm ein, damit ihr niemand schaden kann. Aber je mehr der Vater die Tochter bewahren und im Turm seiner eigenen Vorstellungen festhalten möchte, desto mehr entreißt sie sich seinem Einfluss, desto selbstständiger wird sie. Als der Vater auf Reisen geht, denkt Barbara in ihrem Turm über vieles nach. In ihrem Denken ist sie frei. Da lässt sie sich vom Vater nicht bestimmen. Sie schreibt christlichen Gelehrten und lässt sie zum Gespräch kommen. Gerade das, was der Vater verhindern wollte, geschieht. Sie bekehrt sich zum Christentum. Als Zeichen dafür lässt sie in das Badezimmer, das zwei Fenster hat, noch ein drittes durchbrechen, um ihren Glauben an den dreifaltigen Gott auszudrücken, der mit ihr in ihrem Turm wohnt. Der Vater, der die Tochter einsperrt, kann nicht verhindern, dass Gott zu ihr kommt und ihren Turm öffnet, ihren engen Horizont weitet. Gott ist der, der sie befreit von der Enge des Vaters.

Als der Vater heimkommt, erkennt er an den drei Fenstern sofort, dass Barbara Christin geworden ist. Er zwingt sie, vom Glauben abzufallen. Als sie das verweigert, will er sie töten. Sie flieht ins Gebirge und verbirgt sich in einer Höhle. Doch ein Schafhirt verrät Barbara an den Vater. Der liefert sie dem Statthalter aus. Das Mädchen weigert sich, die Götter anzubeten, und wird grausam gefoltert. Doch in der Nacht kommen Engel und pflegen sie wieder gesund. Im Kerker besucht sie ein Engel und bringt ihr das Abendmahl als letzte Wegzehrung. Schließlich wird sie zum Tod durch Enthaupten verurteilt. Der eigene Vater enthauptet sie. Doch kaum hat er das getan, wird er von einem Blitz erschlagen.

Die Legende ist hochaktuell. Sie zeigt, wie Barbara ganz sie selbst wird, wie sie in Freiheit ihren

Weg geht. Auch wenn der Vater sie noch so sehr in seine Vorstellungswelt hineinpressen möchte, so hat er doch keine Macht über sie. Der Turm, mit dem sie dargestellt wird, zeigt, dass sie die Enge des Vaters verlassen hat und aus dem inneren Gefängnis ausgebrochen ist, in das sie der Vater gesteckt hat. Sie ist ihren eigenen Weg gegangen. Sie hat sich das Denken nicht vom Vater vorschreiben lassen. Sie hat den Turm ihres Lebens so gebaut, dass er für sie passt, dass sie darin wohnen und ihre einmalige Gestalt verwirklichen kann.

Das zweite Symbol, mit dem Barbara immer dargestellt wird, ist der Abendmahlskelch. Er erinnert an den Kelch, den ihr der Engel gereicht hat. Der Kelch ist ein altes weibliches Symbol. Die Frau ist die nährende Mutter. Goldblonde Jungfrauen in den keltischen Sagen reichen den Helden einen stärkenden Zaubertrank aus einem goldenen Kelch, damit sie sicher weiterziehen können. Barbara mit dem Kelch erinnert auch an die Gralshüterin, die den Kelch des Abendmahls in ihren Händen hält. Barbara ist so ein personifizierter Aspekt der göttlichen Mutter. Barbara wird mit grünen Gewändern dargestellt. Grün ist die Farbe der göttlichen Schöpferkraft. Und grün ist die Farbe der Versöhnung und der ewigen Barmherzigkeit. Sie symbolisiert die Wiedererneuerung allen Lebens. Daher werden die Barbarazweige an ihrem Fest ins Wasser gestellt. Hier wurde ein ursprünglich heidnischer Brauch christianisiert. Man schnitt Zweige, damit sie bis zur Wintersonnenwende blühen. Für die Christen wurde das zum Bild dafür, dass in uns die Frucht Christi erblühen wird, wenn wir wie Barbara in der Stille des Advents nach innen schauen und dort nach dem Licht suchen, das unser Leben erleuchtet. Barbara ist die Verheißung Gottes an uns, dass er auch unsere Unfruchtbarkeit verwandeln, und dass seine schöpferische Kraft auch in uns fließen wird, sodass wir in unserer ursprünglichen Schönheit aufblühen werden.

In der Begleitung erlebe ich oft, dass Menschen an ihrer Unfruchtbarkeit und inneren Leere leiden. Sie haben den Eindruck, dass sie erstarrt sind. Es blüht nichts mehr in ihnen. Sie bringen keine Frucht. In der Arbeit geht vieles schief. Ihre Ehe ist nur noch Leerlauf. Sie leben dahin, doch sie spüren sich nicht. Alles ist nur leer. Sie fühlen sich wie in der Wüste, innerlich vertrocknet. Sie haben keine Fantasie, was sie aus ihrem Leben machen sollen. Was sie bisher unternommen haben, hat sie nicht weitergebracht. Sie haben das Gefühl, alles würde stagnieren. Sie kämen einfach nicht voran auf ihrem Weg. Sie sind innerlich erstarrt. Sie überspielen die Erstarrung, indem sie nach außen hin wichtigtun. Sie haben immer genügend zu arbeiten. Aber die Arbeit bringt keine Frucht. Sie verdeckt nur die innere Leere. Aber es strömt nichts aus von ihnen. Sie sind gefangen im Trott ihres Alltags. Oder sie sind gefangen in ihrer eigenen inneren Enge.

Solche Menschen sehen in Barbara eine Ikone ihrer Heilung. Barbara ist die Frau, die selbst in der Kälte des Winters und in der Dunkelheit der Dezembertage noch Frucht bringt. Ihre Zweige blühen an Weihnachten auf. Sie sind Zeichen für das, was die Heilige verkörpert: innere Fruchtbarkeit, die durch keine äußeren Hindernisse gestoppt werden kann. Die grünen Gewänder, mit denen sie dargestellt wird, haben etwas von der Grünkraft inne, von der die hl. Hildegard von Bingen spricht. Es ist die Kraft der Fruchtbarkeit, die dem Heiligen Geist innewohnt, der der Lebensspender schlechthin ist.

Barbara wird in der Tradition als priesterliche Frau verstanden. Die Künstler, die Barbara mit dem Abendmahlskelch und Hostie darstellen, beantworten die Frage, ob Frauen Priesterinnen werden können, längst vor der Diskussion unserer Tage. Für sie ist Barbara eine Priesterin. Priesterin, das bedeutet, dass sie Irdisches in Göttliches verwandelt, dass sie die göttlichen Spuren in unserem Leben aufdeckt, dass sie das Menschliche durchsichtig macht auf Gottes Liebe hin. Priesterin, das meint, dass sie eingeweiht ist in tiefe Geheimnisse, in die Mysterien Gottes, und dass sie auch uns einweihen kann in das uns Unbekannte und Fremde, in das Geheimnis Gottes, durch den unser Leben erst fruchtbar wird. Barbara ist Priesterin, weil sie auf ihrem inneren Weg, auf dem Weg der Kontemplation und auf dem Weg der Passion, selbst verwandelt worden ist.

Bei den Römern waren die Priesterinnen die Hüterinnen des heiligen Feuers. Barbara hütet in sich das Feuer der göttlichen Liebe. Es ist stärker als die Kälte, die nach unseren Herzen greift und sie erstarren lässt. Es bringt die gefrorenen Gefühle in uns wieder zum Fließen. Barbara will dem an seiner Erstarrung leidenden Menschen von heute sagen: »In dir ist ein Feuer, das stärker ist als deine innere Leere und Kälte. Es ist das Feuer der göttlichen Liebe. Dieses Feuer will auch dein Herz wärmen. Traue der Liebe, die in dir ist. Sie ist stärker als der Tod. Sie will auch deine innere Leere durchströmen, damit dein Leben wieder von neuem zur Blüte kommt.«

Barbara wird als Trösterin der Gefangenen verehrt. Ihre Legende zeigt, wie der Vater sie gefangenhält. Viele Menschen fühlen sich heute in ähnlicher

Weise gefangen. Sie sind gefangen von den Erwartungen ihrer Umwelt und trauen sich nicht, daraus auszubrechen. Sie sind gefangen in sich selbst. Sie können nicht aus sich heraus. Sie fühlen sich gefangen in ihrer Angst. Sie haben Angst, ihren sicheren Turm zu verlassen. Sie hätten dann keinen Schutz und würden sich bloßgestellt fühlen, ausgesetzt, verletzlich. So vergraben sie sich in ihrem Turm und verschließen alle Fenster nach außen. Oder sie sind gefangen in ihrer Sucht, gegen die sie nicht ankommen, oder in Lebensmustern, die sie nicht abzulegen vermögen. Sie sind gefangen in ihren Gewohnheiten und in ihrem Denkschema. Es bewegt sich nichts mehr in ihnen. Sie bleiben in ihrem inneren Gefängnis und erstarren darin. Barbara ist die Verheißung, dass Gott auch uns in unserem Gefängnis besucht, dass er die Enge unseres Gefängnisses aufbricht und uns mitten in unserem Gefangensein innere wie äußere Freiheit schenkt. Wenn wir Gott in uns einlassen, dann kann uns kein Gefängnis mehr halten, dann sind zumindest drei Fenster darin, die uns die Beziehung nach außen ermöglichen. Und wir sind auch mitten in äußerer Gefangenschaft innerlich frei.

DER HEILIGE PANTALEON
Neue Kraft bei »Burn-out«

Pantaleon war der Sohn eines heidnischen Senators in Rom. Als junger Mann ging er bei einem weisen Arzt in die Schule der Heilkunde. Pantaleon wurde Christ.

Nach seiner Taufe heilte er einen blinden Mann, der sich daraufhin selbst taufen ließ. Man verklagte Pantaleon beim Kaiser, dass er Christ sei. Vor den Augen des Kaisers heilte er zur Überraschung aller einen Sterbenskranken. Da drängten die anderen Ärzte den Kaiser dazu, Pantaleon unschädlich zu machen. Der Kaiser ließ glühendes Blech bringen und den heiligen Arzt damit brennen. Er warf ihn in den Kerker und verbot, ihm zu essen und zu trinken zu geben. Doch Christus selbst pflegte seinen

Diener und heilte seine Wunden, sodass er frisch und gesund erschien. Der Kaiser ließ den Heiligen ins Wasser werfen, aber die Wellen trugen ihn ans Land. Er sperrte Pantaleon in einen Garten voller wilder Tiere. Aber sie verkehrten friedlich mit ihm. Schließlich band man diesen Mann Gottes an einen Ölbaum und schlug ihn so lange mit Dornen, bis seine Wunden bluteten. Wo Pantaleons Blut hin floss, wurde alles grün, und auf einmal blühten dort Rosen, Lilien und Veilchen. Ein Ritter band ihm die Hände auf dem Kopf fest und schlug ihm einen großen Nagel durch die Hände in sein Haupt. Pantaleon betete zu Gott und empfahl seinen Geist in Gottes Hände.

Pantaleon zeigt uns, dass Gott selbst der Arzt für unsere Wunden ist. Die Menschen können uns noch so sehr verletzen. Sie können uns letztlich nicht schaden. Alle Martern, die sie sich ausdenken, bewirken das Gegenteil, wenn wir wie Pantaleon unser Vertrauen auf Gott setzen. Weder das Wasser noch das Feuer, weder wilde Tiere noch die Dornen des Dornstrauchs können uns wirklich verletzen. Wenn wir in Christus unseren Grund haben, dann schwemmt uns das Unbewusste nicht weg. Die Leidenschaften und die Triebe, die im Feuer und in den wilden Tieren dargestellt sind, können uns nicht zerreißen. Die Verehrung des hl. Pantaleon bestätigt die Wahrheit des Satzes, den der hl. Johannes Chrysostomus in einer Rede aufgestellt hat: »Niemand kann dich verletzen, wenn du es nicht selbst tust.« Die Menschen mögen uns noch so verletzen wollen, sie können uns nicht schaden, wenn wir uns nicht selbst verletzen. Das Vertrauen auf Gott befreit uns von der Macht der Menschen und schützt uns gegenüber den Verletzungen, die sie uns aus Hass oder Eifersucht oder sonstigen Motiven zufügen möchten. Das zeigt die Legende im Bild der Dornen, mit denen die Menschen Pantaleon zerkratzen. Auch wenn die Dornen uns noch so tief verwunden, so können unsere Wunden doch zu Quellen des Lebens werden. Das wird in dem schönen Bild ausgedrückt, dass das Blut des Heiligen überall grünendes und blühendes Leben hervorruft und Rosen, Lilien und Veilchen wachsen lässt. Der Ölbaum ist Bild für die heilende Kraft des Glaubens. Mit Öl heilte man ja in der Antike die Wunden. Die Blumen sind Ausdruck der Freude, die uns niemand nehmen kann. Und sie sind Zeichen für den überwundenen Winter. Dort, wo wir an Christus glauben, schmilzt das Eis unserer kalten Herzen, und das Leben Gottes blüht auf. Wenn wir uns mit unseren Wunden aussöhnen, werden sie zu einer Quelle fruchtbaren Lebens für uns selbst und für die Menschen um uns herum. So ist Pantaleon ein Bild für Gott als den wahren Arzt unseres Leibes und unserer Seele geworden. Gott wird die Wunden heilen, die andere uns zufügen. Gott wird unsere Wunden verwandeln, dass das Herzblut, das aus unseren Wunden strömt, um uns alles grünen und blühen lässt.

Pantaleon hat sich den Konflikten gestellt, die von außen auf ihn zukamen. Er fühlte sich getragen von der Kraft Christi, in der er sich den feindlichen Mächten entgegenstellen konnte. Das ist ein schönes Bild für den Abwehrkampf, in den der Körper bei Infektionen gerät. Bei Infektionen dringen feindliche Erreger in den Leib ein und entzünden ihn an einer Stelle. Infektionskrankheiten sind oft Ausdruck innerer Konflikte, denen wir uns nicht stellen. Wenn der Infekt nicht ausheilt, dann gibt es eine Chronifizierung. »Die nicht bereinigte Situation bildet einen Herd im Körper, an dem nun ständig Energie gebunden ist, die dem Rest des Organismus fehlt: Der Patient fühlt sich abgeschlagen, müde, antriebslos, lustlos, apathisch.« (Dethlefsen 139)

Solche Symptome spüren viele Menschen am eigenen Leib. Sie merken, dass sie erschöpft sind, verausgabt, ausgebrannt, sie stehen vor dem »Burn-out«. Der Grund, dass jemand »ausbrennt«, ist häufig, dass er sein Maß überschritten hat. Oder er hat sich verausgabt, weil er sich Zuwendung und Bestätigung erhofft hat. Doch wer gibt, weil er Zuwendung braucht, ist schnell am Ende seiner Kraft. Er wird nie das bekommen, was er ersehnt. Henry Nouwen meint, viele Seelsorger und Psychologen seien ausgebrannt, weil sie ständig die Tür ihres Ofens offen haben. Und er empfiehlt gegen das Ausbrennen, dass wir die Tür zu unserem inneren Ofen schließen, damit das Feuer in uns wieder aufflammen kann. Wir brauchen den inneren Raum der Stille, damit wir uns am inneren Feuer wärmen können. Dann können wir von dem Feuer weitergeben, ohne auszubrennen. Nur wer aus der inneren Quelle schöpft, die in ihm sprudelt, wird nicht erschöpft werden. Denn in uns ist die Quelle des göttlichen Geistes, die unerschöpflich ist. Aber oft schöpfen wir aus trüben Quellen, aus der Quelle unseres Ehrgeizes oder unseres Perfektionismus. Da sind wir dann schnell erschöpft.

Der hl. Pantaleon gibt sein Blut. Aber er gibt es nicht, um damit etwas zu bezwecken. Er lässt sich an den Ölbaum binden, an den heilenden Lebensbaum Jesu Christi. Und so hat sein Blut, das aus ihm strömt, teil an der Kraft Jesu. Es kann aus ihm fließen, ohne dass er selber leer wird. Vielmehr wird sein Blut, das er aus Liebe zu Christus hingibt, zu einer Quelle neuen Lebens. Wir müssen aufhören zu geben, weil wir brauchen. Vielmehr sollten wir lernen zu geben, weil wir empfangen. Wir empfangen ununterbrochen Gottes Liebe. Wenn sie durch uns strömt, dann können wir geben, ohne uns zu verausgaben. Und dann wird es um uns herum blühen, so wie um den hl. Pantaleon auf einmal Rosen, Lilien und Veilchen aufgeblüht sind.

DER HEILIGE VITUS
Leben blüht wieder auf

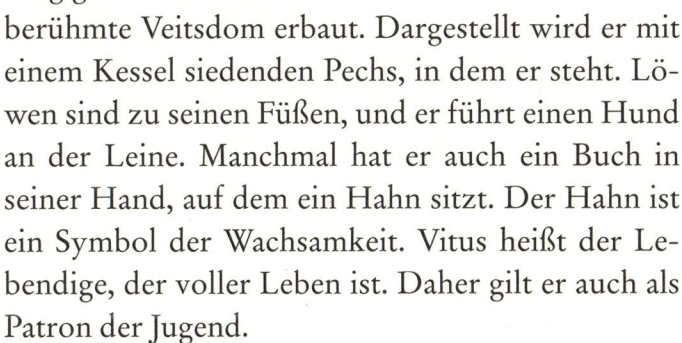

Der hl. Knabe Veit oder Vitus wurde vor allem im 13. und 14. Jahrhundert verehrt. 1355 wurden seine Gebeine nach Prag gebracht und darüber der berühmte Veitsdom erbaut. Dargestellt wird er mit einem Kessel siedenden Pechs, in dem er steht. Löwen sind zu seinen Füßen, und er führt einen Hund an der Leine. Manchmal hat er auch ein Buch in seiner Hand, auf dem ein Hahn sitzt. Der Hahn ist ein Symbol der Wachsamkeit. Vitus heißt der Lebendige, der voller Leben ist. Daher gilt er auch als Patron der Jugend.

Der Legende nach stammt Vitus aus Sizilien und war der Sohn heidnischer Eltern. Aber von seiner Amme wurde er christlich erzogen. Als der Vater

davon erfuhr, wollte er ihn von seinem Glauben ab-
bringen. Als er damit keinen Erfolg hatte, versuchte
er, seinen eigenen Sohn zu töten. Doch ein Engel
führte Vitus in eine schöne Gegend, nach Lukanien.
Dort wurde er von einem Adler mit Brot versorgt.
Er predigte den Leuten von Christus und wirkte
viele Wunder. Als der Sohn des Kaisers in Rom von
Besessenheit gequält wurde, hörte der Kaiser von
dem wunderwirkenden Knaben und ließ ihn zu sich
kommen. Vitus legte dem Besessenen die Hände auf,
und im gleichen Augenblick fuhr der böse Geist
aus. Der Kaiser verlangte nun von dem Knaben, er
solle seinem Glauben abschwören und die Götter
anbeten. Als er sich weigerte, wurde er ins Gefängnis
geworfen. Doch in der Nacht fielen die Ketten von
ihm ab, und helles Licht umleuchtete ihn. Voller Wut
ließ ihn der Kaiser in einen Kessel mit siedendem
Pech werfen. Aber wohlbehalten stieg Vitus aus dem
Kessel heraus. Er wurde nun den Löwen vorgewor-
fen. Aber die leckten friedlich seine Füße. Schließlich wurde er auf die Folter gespannt. Da gab es ein
furchtbares Unwetter, und die Tempel der Götter
fielen in Stücke. Der Kaiser floh und rief: »Weh mir,
ein Kind hat mich überwunden!« (Melchers 369) Ein
Engel führte Vitus ans Ufer eines lieblichen Flusses.
Dort kehrte seine Seele heim zu Gott.

So weit die Legende. Viele Motive sind ähnlich wie bei anderen Nothelfern. Weder Menschen noch Tiere noch siedendes Pech können Vitus schaden. Von Vitus geht etwas aus, das stärker ist als alles Feindliche, das auf ihn einströmt. Und es geht ein Lichtglanz von ihm aus, der seinen Vater blendet und die Häscher staunen lässt. Das göttliche Licht, das ihn umstrahlt, durchdringt selbst die äußerste Finsternis des Kerkers. So wird Vitus zum Bild eines Menschen, der ganz und gar von Gottes Licht und Gottes Liebe durchdrungen ist und so eine heilende und zugleich klärende Ausstrahlung hat auf die Menschen. In seiner Nähe können sich die bösen Geister nicht verstecken. Da werden sie ans Tageslicht gezerrt und müssen vor der Klarheit des Heiligen weichen.

Vitus, der jugendliche Mann, ist voller Lebendigkeit. Sein Name bedeutet ja »Leben«. Der Heilige will uns dazu ermutigen, wirklich zu leben, der Spur des Lebens in uns zu trauen.

In der geistlichen Begleitung machen wir oft die Erfahrung, dass die Menschen, die zwanghafte Formen der Frömmigkeit praktizieren, damit dem Leben aus dem Weg gehen möchten. Sie haben Angst vor dem Leben, und so gehen sie den geistlichen Weg, nicht um »das ewige Leben zu gewinnen«, sondern um Leben zu meiden. Geistliche Begleitung heißt für uns, der Spur der je größeren Lebendigkeit zu folgen. Dort, wo einer zum Leben kommt, wo er aufblüht, wo er in seinem Herzen tief angerührt wird, dort findet er auch Gott, dort wirkt Gott an ihm, dort will Gott ihn zur Blüte bringen, dort will Gott ihn zum Leben und in die Freiheit führen, die ein wesentliches Kriterium für das göttliche Leben ist.

Heute ist die Leblosigkeit vieler Menschen erschreckend. Sie sind erstarrt in ihren Zwängen und Gewohnheiten, erstarrt in äußerer Hektik und Leere. Ich kenne viele Menschen, die antriebslos sind. Wenn ich sie begleite, spüre ich, wie anstrengend es ist, ihnen zuzuhören. Ich habe den Eindruck, als ob ich sie anschieben müsste, damit sie überhaupt einen Schritt vorankommen. Sie haben zu nichts Lust. Sie lassen sich von nichts begeistern. Alles ist gleich langweilig. Sie verfallen einer Lethargie, die die Umgebung entweder aggressiv macht oder auch einschlafen lässt. Lethargie war für die Griechen ein »schlummerähnlicher Zustand«. In dem Wort steckt das griechische »lethe«, das Vergessen bedeutet. Lethargie bezeichnet also die Haltung eines Menschen, der durch Vergessen untätig und träge ist. Er vergisst zu leben. Er vergisst die Wirklichkeit. Er döst vor sich hin. Die Lethargie ist oft verbunden mit

Interesselosigkeit und Gleichgültigkeit. Man hat für nichts Interesse. Und alles ist einem gleichgültig. Man kann sich für nichts erwärmen.

Gegen diese Haltung der Lethargie und Trägheit steht der hl. Vitus als Bild des sich erneuernden Lebens, eines Lebens, das nicht tot zu kriegen ist, weil es aus der göttlichen Quelle gespeist wird. Er ist das Gegenbild des erstarrten Lebens, wie es sich in jeder Besessenheit ausdrückt. Ein Adler versorgt den Knaben mit Brot. Der Adler ist ein Bild ewiger Jugend. Im Psalm 103 heißt es: »Wie dem Adler wird dir die Jugend erneuert.« (Ps 103,5) Die Alten glaubten, dass er sich von Zeit zu Zeit immer wieder verbrennt und aus der Asche erneuert aufsteigt. Er gilt als Symbol der Sonne. In Vitus strahlt die Sonne immer wieder hell auf, sodass die Menschen in seiner Gegend geblendet werden. Er ist voller Leben und Licht. Dort, wo er auftritt, werden Menschen wieder gesund. Man hat den Eindruck, bei dem Knaben ist immer etwas los. Wo er ist, da predigt er und wirkt Wunder. Und dort, wo die Häscher ihn zu fassen versuchen, gelingt es ihnen nicht. Das Leben dieses Knaben ist einfach nicht in den Griff zu bekommen. Er entwischt immer wieder seinen Henkern. Alle Versuche, ihn zu töten, schlagen fehl. Schließlich ist es ein Engel, der ihn in eine schöne Gegend führt.

Dort stirbt er in Frieden und im Einklang mit der schönen Umgebung.

Das Bild des hl. Vitus verweist uns auf die eigene Jugend, die in uns ist. In uns ist etwas, das nicht zerstört werden kann, weder durch die Langeweile, noch durch andere Menschen. Wenn wir die Lethargie in uns wahrnehmen, sollten wir mit dem Kind in uns in Berührung kommen, das noch neugierig war, das voller Pläne steckte. In uns gibt es die ewige Jugend, die nicht tot zu kriegen ist. Lethargie ist häufig verursacht durch Enttäuschung. Vielleicht hatten wir als Kinder große Träume. Weil das Leben anders ist, haben wir die Träume aufgegeben und ergeben uns teilnahmslos dem Geschick. Der hl. Vitus hat sich nicht dem Schicksal ergeben. Er hat es selbst gestaltet. Er hat sich durchgesetzt gegen alle Hindernisse, die sich ihm in den Weg stellten. Er hat für sein Leben gekämpft, ohne Angst, es im Kampf zu verlieren. Wir werden unsere Lethargie nur überwinden, wenn wir die jugendliche Kraft in uns wahrnehmen und uns von ihr aus der Reserve locken lassen. Trotz aller Anfeindungen von außen gibt es für uns die Möglichkeit, das eigene Leben zu leben. Und das – so zeigt es uns der hl. Vitus – ist voller Überraschungen und voller Spannung. Es lohnt sich, sich darauf einzulassen.

SCHLUSS

Ich hoffe, dass für Sie, liebe Leserin, lieber Leser, unter den 14 Ikonen der Heilung ein Bild mit dabei war, in dem Sie sich besonders wiederfinden konnten. Und ich wünsche Ihnen, dass Sie die heilende Kraft dieser Bilder gespürt haben. Wenn Sie manche Bilder weniger berührt haben, dann sind Ihnen vielleicht Menschen eingefallen, für die gerade diese Bilder hilfreich wären. Es gibt Bilder, die uns nur in ganz bestimmten Lebensabschnitten und Situationen ansprechen. Wieder andere Bilder begleiten uns unser Leben lang.

Bilder sind wie Fenster, durch die wir schauen, um auf das Geheimnis des Lebens und letztlich auf das Geheimnis Gottes zu schauen. Es ist immer Gott, der durch die Bilder durchscheint. Doch Gott zeigt sich in verschiedenem Licht. Er erweist sich als Arzt für jede Krankheit. Aber die Heilmittel, die er anwendet, sind bei jeder Krankheit verschieden. Die Bilder geben uns den Mut, die eigenen Krankheiten und Verletzungen anzuschauen. Und sie zeigen uns die Medikamente, die die Wunden zu heilen vermögen. In ihnen können wir auch die Wege erkennen, die den Prozess der Heilung unterstützen.

In den Legenden wird deutlich, welche menschlichen Einfallstore die göttliche Gnade braucht, um uns heilen zu können. Wir müssen nur die Fantasie aufbringen, die Legenden bildhaft auszulegen und ihre Bilder weiter zu entfalten. Dann spüren wir sehr schnell, dass das nicht längst vergangene Wundergeschichten sind, zu schön, um wahr zu sein. Dann streiten wir uns nicht darüber, ob jedes Wunder auch tatsächlich so geschehen ist oder nicht. Es geht uns vor allem um die Bedeutung für uns. Die Legenden ermutigen uns, die eigenen Wunden anzuschauen, die wir am liebsten vor uns und vor anderen verbergen möchten. Und sie wecken in uns das Vertrauen, dass Gott so, wie er die Wunden der 14 Nothelfer geheilt hat, auch unsere Krankheiten heilen wird.

Die Bilder der 14 Nothelfer zeigen uns, wie wir mitten in einer verwundeten und uns verletzenden Welt zu dem einmaligen Menschen werden können, der wir von Gott her sind. Da wird uns vor Augen geführt, wie Menschwerdung gelingen kann in einer Welt, die mit uns genauso grausam umgeht wie mit den Märtyrern. Es ist keine heile Welt, in der die Nothelfer gelebt haben, sondern eine feindliche Welt, die sie letztlich in den Tod getrieben hat. Aber sie hat ihnen nichts anhaben können. Der Tod war für die Nothelfer das Tor zum wahren Leben. So ermutigen uns die 14 Ikonen der Heilung, die eigenen Wunden in einem neuen Licht anzuschauen. Die Wunden sind auch für uns das Einfallstor für Gottes Wirken, für Gottes heiligen und heilenden Geist. Und sie sind die Tür, die uns zu unserer eigenen Wahrheit führt, zu dem unverfälschten und einmaligen Bild, das Gott sich von jedem von uns gemacht hat.

Literatur

Martin Achtnich, Christophorus – Auf der Suche nach dem Großen. Gedanken zur Christophorus-Legende, Freiburg 1980.

Otto Betz, Das Geheimnis der Zahlen, Stuttgart 1989.

Joseph Braun, Tracht und Attribute der Heiligen in der Deutschen Kunst, Stuttgart 1943.

Thorwald Dethlefsen, Krankheit als Weg, München 1983.

Walter Hildebrand, Die heiligen Nothelfer, Gaming 1988.

Arthur Jores, Praktische Psychosomatik, herausgeben von Adolf-Ernst Meyer, Bern 1966.

Legenda aurea, aus dem Lateinischen übersetzt von Richard Benz, Köln 1969.

Dominik Lutz, Der Gnadenaltar in Vierzehnheiligen, Staffelstein 1993.

Erna und Hans Melchers (Hrsg.), Das große Buch der Heiligen. Geschichte und Legende im Jahreslauf, München 1978.

H. Sachs/E. Badstübner/H. Neumann, Christliche Ikonographie in Stichworten, München 1973.

Georg Schreiber, Die Vierzehn Nothelfer in Volksfrömmigkeit und Sakralkultur, Innsbruck 1959.

Jutta Ströter-Bender, Heilige: Begleiter in göttliche Welten, Stuttgart 1990.

Die heilende Kraft der Gleichnisse